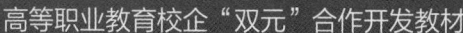
高等职业教育校企"双元"合作开发教材

U0770913

企业内部控制实务

新准则 新税率

主 编 谭玉林 何 莹

副主编 张 静 刘俊英 陈 刚

QIYE NEIBU KONGZHI SHIWU

新形态
教材

本书另配：教学课件
　　　　教　案
　　　　参考答案
　　　　微课视频

中国教育出版传媒集团

高等教育出版社·北京

内容提要

本书是高等职业教育校企"双元"合作开发教材。

本书采用项目导向、任务驱动式的编写范式,共设八个项目,从基本概念与理论框架的奠定,到企业组织架构、货币资金业务、采购与付款业务、资产管理业务、销售业务、成本费用业务和财务报告业务等各个环节的内部控制实务,层层深入,循序渐进。每个项目均设计有明确的思维导图、学习目标、案例导入、知识准备、强化练习等环节。

本书既可作为高等职业本科院校、高等职业专科院校财务会计类专业学生用书,又可作为社会相关人员培训用书。

图书在版编目(CIP)数据

企业内部控制实务 / 谭玉林,何莹主编. -- 北京 :
高等教育出版社,2025. 1. -- ISBN 978-7-04-063470-9

Ⅰ. F272.3

中国国家版本馆 CIP 数据核字第 2024Z8P780 号

| 策划编辑 | 钱力颖 | **责任编辑** | 钱力颖 | **封面设计** | 张文豪 | **责任印制** | 高忠富 |

出版发行	高等教育出版社	网　址	http://www.hep.edu.cn
社　址	北京市西城区德外大街 4 号		http://www.hep.com.cn
邮政编码	100120	网上订购	http://www.hepmall.com.cn
印　刷	上海盛通时代印刷有限公司		http://www.hepmall.com
开　本	787mm×1092mm　1/16		http://www.hepmall.cn
印　张	10.5		
字　数	247 千字	版　次	2025 年 1 月第 1 版
购书热线	010-58581118	印　次	2025 年 1 月第 1 次印刷
咨询电话	400-810-0598	定　价	25.00 元

前　言

在习近平新时代中国特色社会主义思想指导下,在实现中国梦的伟大征程中,企业作为市场经济的主体,其内部控制体系的建立健全不仅关乎企业自身的稳健发展,更是推动经济高质量发展的重要基石。新时代强调以创新驱动发展,注重提升企业治理能力和水平,为《企业内部控制实务》教材的编写提供了根本遵循和行动指南。

本书旨在培养适应智能时代需求的高素质会计类技术技能人才,通过深度融合大数据、云计算、人工智能等新技术,力求使学生在掌握内部控制基本理论与框架的同时,能够灵活运用现代技术手段优化内部控制流程,提升高阶思维能力与控制制度设计能力。本书特别注重将课程思政元素融入教学内容之中,引导学生在掌握专业技能的同时,树立正确的价值观、职业观和道德观,成为有担当、有责任感的会计从业人员和管理者。

本书严格依据《企业内部控制基本规范》及其配套指引等权威文件编写,确保内容的科学性、规范性和实用性。我们精心梳理了内部控制的核心要素与关键环节,力求为读者构建一个系统、完整、可操作的内部控制知识体系。

在编写过程中,我们得到了来自业界的宝贵支持与合作。新道科技股份有限公司、江西新晟启环保科技有限公司、江西尚卓企业咨询管理有限公司等企业的深度参与,不仅为本书提供了丰富的实践案例和前沿的行业洞察,还使得我们的教学内容更加贴近企业实际,增强了教材的针对性和实用性。

本书采用项目导向、任务驱动式的编写范式,共设八个项目,内容从内部控制基本概念与理论框架的奠定,到企业组织架构、货币资金业务、采购与付款业务、资产管理业务、销售业务、成本费用业务和财务报告业务等各个环节的内部控制实务,层层深入,循序渐进。每个项目均设计有明确的学习目标,旨在通过"做中学、学中做"的方式,激发学生的学习兴趣,培养分析问题、解决问题的能力。

本书由江西财经职业学院谭玉林、何莹担任主编,张静、刘俊英、陈刚担任副主编。在此,我们对所有参与本书编写、审校及出版工作的同仁表示衷心的感谢和崇高的敬意。我们相信,通过本书的学习,广大读者能够深刻理解企业内部控

制的精髓与要义,掌握内部控制实务的操作技能,为推动我国企业内部控制体系的不断完善和经济社会的持续健康发展贡献自己的力量。

限于水平,书中不妥之处在所难免,敬请读者批评指正。

编　者
2025 年 1 月

目　录

QIYE NEIBU KONGZHI SHIWU

资源导航

思维导图

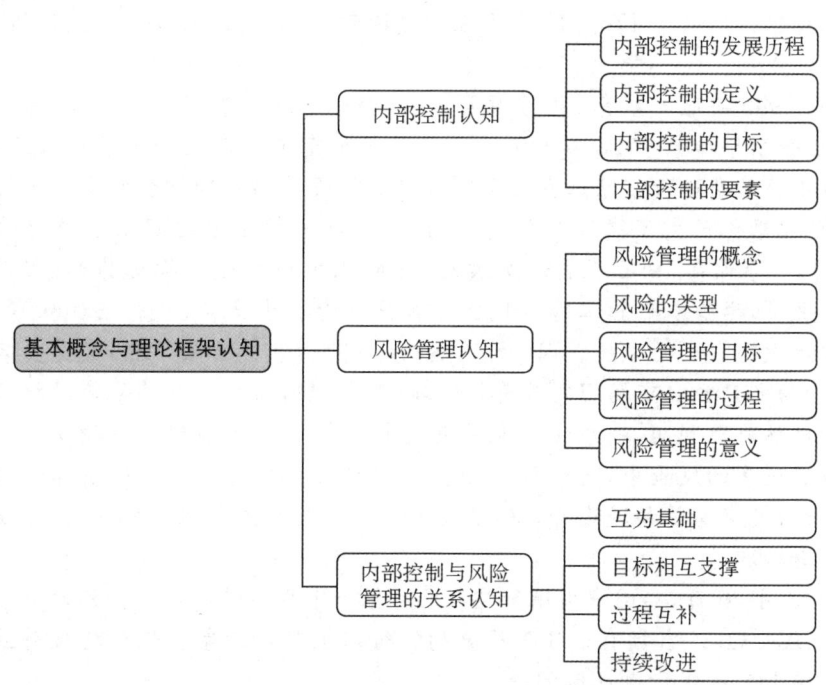

学习目标

知识目标

(1) 理解内部控制的定义与特点。

(2) 理解内部控制的目标与重要性。

(3) 掌握内部控制的五要素。

(4) 理解风险管理的定义。

(5) 理解风险管理的目标。

(6) 掌握风险管理的过程。

能力目标

(1) 能够熟练掌握内部控制五要素的内涵与其内在关系。

(2) 能够熟练掌握风险管理的过程。

素养目标

(1) 培养实事求是的精神。

(2) 树立诚信做人、规避风险的信念。

案例导入

百年银行为什么会倒闭?

英国巴林银行创立于 1763 年,由于经营灵活变通、勇于创新,很快就在国际金融领域获得了巨大的成功。

然而,在 1995 年这一家有 230 多年历史、在全球范围内掌有 270 多亿英镑资产的巴林银行,竟毁于一个年龄只有 28 岁的毛头小子——尼克·李森之手。李森未经授权,在新加坡国际货币交易所进行东京证券交易所日经 225 股票指数期货合约交易。他的交易失败了,致使巴林银行产生了高达 6 亿英镑的亏损,这一数字远远超出了该行的资本总额 (3.5 亿英镑)。李森在 1992 年去新加坡后,任职巴林新加坡期货交易部兼清算部经理。作为一名交易员,李森本来的工作是代巴林客户买卖衍生产品,并替巴林从事套利,这两种工作基本上没有太大的风险。因为代客操作,风险由客户自己承担,交易员只是赚取佣金,而套利行为亦只赚取市场间的差价。例如,李森利用新加坡及其他市场极短时间内的不同价格替巴林赚取利润,一般银行允许其交易员持有一定额度的风险仓位。但为了防止银行暴露在过多的风险中,这种许可额度通常定得相当有限。通过清算部门每天的结算工作,银行对其交易员和风险仓位的情况可予以有效掌握。但不幸的是,李森却一人身兼交易与清算二职。

1995 年 2 月 26 日,英国中央银行宣布巴林银行不得继续从事交易活动并须进行中期资产清理。10 天后,这家拥有 233 年历史的银行以 1 英镑的象征性价格被荷兰国际集团收购。这意味着巴林银行彻底倒闭。

巴林银行事件引发了人们的思考,从表面上看,交易员的违规操作直接导致了巴林银行的灭亡。然而,失效的内部控制才是巴林银行倒闭的根本原因。

思考:

具有 230 多年历史的巴林银行为什么会倒闭?

知识准备

任务一　内部控制认知

一、内部控制的发展历程

(一)内部控制的起始阶段

内部控制的概念最早出现在 20 世纪初,主要集中于财务和会计活动的监督。最初,内部控制被视为一种防止财务错误和欺诈的手段,其核心在于确保财务报告的准确性和可靠性。

(二)内部控制的中期进化

随着企业环境的复杂化和全球化,内部控制的范围逐渐扩大,不再局限于财务报告,还包括对企业运营效率和效果的监控,以及遵守法律法规的需要。20 世纪 70 年代至 90 年代,企业风险管理开始受到重视,内部控制的概念也随之扩展,开始包含风险评估和风险管理等元素。

(三)内部控制的现代发展

20 世纪末 21 世纪初,随着安然公司和世界通信公司等一系列财务丑闻的爆发,内部控制的重要性被进一步强调。2002 年,美国通过了著名的《萨班斯-奥克斯利法案》(简称"SOX 法案")。该法案对企业的内部控制提出了更加严格的要求,特别是对上市公司的财务报告和审计过程。这标志着内部控制进入了一个新的阶段,不仅需要重视内部控制系统的建设,还强调对内部控制效果的评价和持续改进。

二、内部控制的定义

随着内部控制的发展,内部控制的定义逐渐丰富和完善。现代内部控制不仅关注财务报告的准确性,还包括对企业整体运营效率、效果的提升,以及对法律法规遵守的监督。

内部控制是由董事会、管理层和其他人员实施的,旨在合理确保企业运营效率、财务报告可靠性和法律法规遵守的一系列过程。这个定义强调了内部控制的目的、范围和执行主体,充分体现了内部控制的综合性和多目标性。

总体来说,内部控制是一个涵盖了评估和管理企业风险的广泛过程,它不仅是防止错误和欺诈的工具,更是提高企业运营效率和实现战略目标的重要手段。随着企业环境的不断变化和法规要求的日益严格,内部控制的理念和实践也将持续发展和演进。

三、内部控制的目标

内部控制目标是企业内部控制系统设计和实施的基础,它们指导着企业如何通过内部控制来达成其战略目标、保护资产、确保财务报告的准确性,以及遵守相关法律法规。内部控制目标通常可以分为四个方面:

微课:内部控制的目标

(一)提高运营效率和效果

内部控制旨在提高企业的运营效率和效果,确保企业资源被有效利用,运营活动能够顺利进行,并且能够实现预定的业务目标和性能指标。这包括优化资源分配、提高生产

力、降低成本、增加收益以及实现企业的战略目标。

（二）确保财务报告的准确性和可靠性

确保财务报告的准确性和可靠性是内部控制的一个核心目标。这包括确保财务数据的正确记录和报告，防止财务错误和欺诈行为，以及确保财务报告符合会计准则和其他相关规定。准确的财务报告对于管理层作出正确决策、吸引投资者和信贷机构以及满足监管要求至关重要。

（三）遵守法律法规

内部控制还旨在确保企业能够遵守适用的法律法规和内部政策，防止违法违规行为的发生。这包括符合行业规范、相关法律和法规的要求，如税法、环保法规、劳动法以及财务和会计标准等。遵守这些法律法规对于保护企业免受罚款、诉讼和声誉损害至关重要。

（四）保护资产的安全和完整

内部控制的另一个关键目标是保护企业资产免受损失、盗窃和其他形式的风险，包括有形资产（如库存、设备）和无形资产（如商誉、专利）。通过建立适当的安全措施和检查程序，内部控制有助于防止资产的不当使用和非法占有，确保资产的安全和完整。

内部控制目标的制定和实现是企业风险管理策略的核心组成部分，它们体现了企业对风险态度的平衡选择。通过有效的内部控制，企业不仅能够提高运营效率、确保财务报告的可靠性、遵守法律法规，还能有效保护企业资产，从而支持企业的可持续发展和价值创造。

四、内部控制的要素

微课：企业
内部控制的
基本要素

内部控制的五个基本要素构成了组织内部控制系统的核心，这些要素最早由 COSO①在其内部控制框架中明确提出。

（一）控制环境（control environment）

控制环境是内部控制的基础，它包括组织的价值观、组织结构、管理哲学、人力资源政策和企业文化等。一个强有力的控制环境为内部控制系统提供了基础，确保了员工对控制的认知和承诺。

影响控制环境的关键因素包括：

1. 组织结构

明确的组织结构和职责分配是关键，确保每个人了解自己的角色及其在内部控制中的职责。组织结构对企业的控制环境具有深远影响，是塑造有效内部控制系统的关键因素之一。组织结构影响企业控制环境的六个关键方面如下：

（1）明确职责与责任。组织结构通过明确各个层级和部门的职责和责任，为内部控制奠定了基础。清晰的组织结构有助于确保职责分配合理，避免职责重叠或遗漏，从而加强控制环境的有效性。

（2）权威与监督。有效的组织结构建立了明确的权威和监督链。高层管理的态度和行为对于建立强有力的控制环境至关重要。组织结构应支持适当的监督活动，确保内部控制措施得到执行，风险得到管理。

---

① COSO：是美国反虚假财务报告委员会下属的发起人委员会的英文缩写，专门研究内部控制问题。

（3）沟通流程。组织结构影响内部沟通的流程和效率。一个高效的组织结构能够促进有效的信息流通，包括上行和下行的沟通，以及跨部门的沟通。这对于确保内部控制信息和风险管理相关信息的及时传达至关重要。

（4）制定和执行内部政策。组织结构决定了内部政策制定和执行的过程。一个合理的组织结构有助于确保内部政策和程序得到有效制定、传达和执行，这些政策和程序是控制环境的重要组成部分。

（5）风险管理。组织结构支持风险管理活动的整合和协调。通过在组织结构中设定专门的角色或部门来负责风险管理，可以更有效地识别、评估和应对组织面临的风险。

（6）内部审计与合规。一个有效的组织结构能够提供对内部审计和合规监控的支持，确保这些活动可以独立和客观地进行。组织结构应保证内部审计部门有足够的权威和资源来执行其职责。

组织结构通过影响职责分配、权威和监督机制、沟通流程、内部政策的制定和执行、风险管理及内部审计活动等方面，对企业的控制环境产生重要影响。一个清晰、合理且高效的组织结构有助于建立强有力的控制环境，从而支持企业目标的实现和风险的有效管理。因此，组织在设计和调整其结构时，应充分考虑这些因素对控制环境的影响，以促进内部控制体系的整体有效性。

2. 管理哲学和运营风格

高层管理者的态度、价值观和行为对于塑造一个正直、负责和遵守规则的企业文化至关重要。管理哲学和运营风格是企业控制环境的核心组成部分，它们直接影响组织的决策过程、员工行为、内部控制的实施和整个组织的风险管理文化。管理哲学和运营风格影响企业控制环境的五个方面如下：

（1）形成企业文化。管理哲学是企业文化的基石，它反映了高层管理者对企业运营的基本态度和价值观。这些价值观和态度通过运营风格传达给全体员工，形成一种共有的行为准则和工作方式，进而塑造企业的内部控制环境。积极、开放的管理哲学和运营风格有助于建立一个鼓励诚信、透明和责任感的控制环境。

（2）决策过程。管理哲学和运营风格直接影响组织的决策过程。例如，一种以团队为中心的管理哲学可能会鼓励更多地协作和共享决策，这样的运营风格有助于确保决策过程对风险的考虑。相反，过于集中的决策风格可能抑制下级提出反馈和风险警示，从而削弱内部控制环境。

（3）风险态度。管理哲学决定了组织对风险的态度，包括如何识别、评估和应对风险。一种积极主动的风险管理态度能够促进更有效的风险识别和管理措施的实施，而一种回避风险的态度可能导致风险管理被忽视，从而影响控制环境的强度。

（4）对内部控制的支持与承诺。高层管理者的管理哲学和运营风格体现了对内部控制的支持程度和承诺。管理层的积极参与和对内部控制重要性的强调是建立有效控制环境的关键。如果高层管理者忽视内部控制或将其视为负担，这种态度会渗透到整个组织，从而削弱控制措施的有效性。

（5）人力资源管理。管理哲学和运营风格还会影响组织的人力资源管理，包括招聘、培训、评价和激励机制。一种重视人才发展和绩效管理的运营风格将促进员工的专业成长和对内部控制的认同，而忽视这些方面的组织可能会面临员工技能不足和道德风险。

管理哲学和运营风格对企业的控制环境有着深刻影响。它们不仅塑造了企业文化,还决定了组织的风险管理态度、决策过程和对内部控制的支持程度。因此,高层管理者需要认识到自己的管理哲学和运营风格对控制环境的影响,并通过积极的行为和决策来建立和维护一个强有力的内部控制环境。

3. 人力资源政策

人员招聘、培训、评价和激励机制需要支持内部控制目标,确保员工具备执行其职责所需的能力和动力。人力资源政策对企业的控制环境具有重要影响,因为它们直接关系到组织中个体的行为、态度以及其执行内部控制措施的能力和意愿。人力资源政策影响企业控制环境的五个方面如下:

(1)招聘和选拔。通过严格的招聘和选拔流程,企业能够吸引和挑选具有良好职业道德和合格专业能力的员工。这些员工更有可能理解并承诺遵循内部控制要求,从而强化控制环境。通过选拔合适的人才,确保新员工的价值观和行为准则与组织文化和控制环境相匹配,有助于维持一个健康和积极的控制环境。

(2)培训和发展。定期的培训计划有助于提高员工对内部控制重要性的认识,确保他们了解如何在日常工作中实施这些控制。通过专业发展和继续教育,员工可以获得执行内部控制相关职责所需的技能和知识,从而提升整个组织的控制能力。

(3)绩效评估。将内部控制目标和行为纳入员工的绩效评估体系,可以强化个人对实现这些目标的责任感,鼓励他们积极参与控制活动。定期的绩效反馈机制有助于识别和纠正与内部控制相关的问题,促进员工和流程的持续改进。

(4)激励和奖励。通过奖励那些遵守内部控制程序和积极贡献于控制环境的员工,企业可以促进正向的行为,改善整体的控制环境。确保激励机制不会无意中鼓励或容忍违反内部控制原则的行为,例如,通过避免过分强调短期业绩而牺牲长期稳定性和合规性。

(5)伦理和行为准则。明确的伦理和行为准则为员工提供了行为的指南,帮助他们在面对道德和合规挑战时作出正确的决策。强调诚信、透明和责任感的人力资源政策有助于建立一种健康的组织文化,这是强化控制环境的基础。

总之,人力资源政策通过影响员工的行为、态度和能力,对企业的控制环境产生深远的影响。有效的人力资源管理不仅能够吸引和保留合适的人才,还能够促进员工的发展和绩效,从而建立和维护一个健康的控制环境。

4. 权威和责任

必须明确授权限制,并对职责进行适当划分,避免利益冲突和权力过分集中。权威和责任在塑造企业控制环境中扮演着重要角色。它们直接影响组织内部的决策流程、员工行为,以及内部控制的实施和效果。权威和责任影响企业控制环境的四个方面如下:

(1)确立控制意识。高层管理者的权威和其对内部控制的承诺通过示范作用影响整个组织。管理层的行为和态度向员工传达了内部控制的重要性,树立了遵守内部控制原则的组织文化。明确的责任分配有助于营造一种责任文化,其中每个人都对自己的行为和决策负责,这对于加强内部控制环境至关重要。

(2)提高责任感和问责性。清晰界定的权威和责任确保每个人都了解自己的角色和职责,以及如何在内部控制体系中发挥作用。这有助于提高个人层面的责任感和整体的问责性。有效的问责机制,包括监督、评估和反馈过程,确保所有层级的员工都能按照既定的标准履行其职责,违规将受到处理。

（3）支持决策过程。适当的权力分配和责任划分支持高效和有效的决策过程。确保决策权与责任相匹配,避免过度集中或分散的权威结构,有助于实现既定的控制目标。权力和责任的清晰划分对于风险识别和管理至关重要,因为它确定了谁应当对特定风险的管理负责,以及如何汇报和处理这些风险。

（4）促进沟通。明确的权威和责任结构使信息更有效地流通。透明的沟通和报告机制确保关键信息能够及时地在正确的层级间传递,支持内部控制的监督和执行。明确的责任分配提升了反馈机制的有效性,员工可以在其职责范围内提出改进建议,这对于持续改进内部控制体系至关重要。

权威和责任对企业控制环境的影响不可小觑。它们通过确立控制意识、提高责任感和问责性、支持决策过程以及促进沟通,共同构建了一个健康、有效的控制环境。在这样的环境中,组织能够有效地实施和维护内部控制,管理和减轻风险,最终支持组织目标的实现。因此,组织应当重视权威和责任的合理配置和管理,作为建立和维护强有力控制环境的基石。

（二）风险评估（risk assessment）

风险评估是指企业及时识别、科学分析和评价影响企业内部控制目标实现的各种不确定因素,并合理确定风险应对策略的过程。它是实施内部控制的重要环节,目的在于帮助企业全面了解自身面临的风险,为制定有效的内部控制措施提供依据。通过风险评估,企业可以及时发现和识别潜在的风险点,为制定有效的内部控制提供依据。同时,风险评估还可以帮助企业优化资源配置,提高经营效率和效果,确保企业目标的实现和可持续发展。

风险评估是企业内部控制的重要环节,它涵盖了风险目标设定、风险识别、风险分析及风险应对等四个方面。

1. 风险目标设定

风险目标设定至关重要,它要求企业明确内部控制的目标,这些目标紧密地与企业的战略规划和日常经营计划相关联。通过确立清晰的风险目标,企业能够聚焦评估工作的重点,确保风险评估活动更具针对性与实效性。

2. 风险识别

风险识别阶段采用多种方法（如问卷调查、小组讨论、专家咨询及情景分析等）,全面且系统地审视企业内外部环境的变动,以及这些变动可能引发的潜在不确定因素,从而准确识别企业面临的各种风险。

3. 风险分析

风险分析阶段要深入剖析已识别风险的性质、发生的可能性及其可能带来的损失程度,帮助企业识别需要优先关注的高风险领域,并为其制定应对策略提供数据支持。

4. 风险应对

风险应对阶段基于风险分析的结果,为企业量身定制风险应对策略,如风险规避、降低、分担或承受等,旨在根据实际情况和风险承受能力,采取最有效的措施来减轻风险对企业的影响,保障企业的稳健运营与可持续发展。

需要注意的是,风险评估具有周期性。风险评估应当定期进行,以确保企业内部控制

的有效性和适应性。建议企业每年至少进行一次全面的风险评估,并根据外部环境和企业内部情况的变化及时调整和更新风险评估结果。对于高风险领域或重要业务流程,企业还可以进行更加频繁和深入的风险评估。

通过科学、合理的风险评估方法,企业可以全面了解自身面临的风险,并制定相应的风险应对策略和措施,为企业的稳健发展提供有力保障。

(三)控制活动(control activities)

控制活动是指企业根据风险评估结果,采用相应的控制措施,将风险控制在可承受度之内的具体方式。它是企业内部控制体系的重要组成部分,企业可以及时发现和纠正经营管理中的偏差,降低风险,确保资产的安全和完整,提高经营效率和效果。同时,控制活动还有助于企业建立健全内部控制体系,提升企业的管理水平和市场竞争力。

控制活动贯穿于企业日常经营管理的方方面面,其核心要点包括但不限于授权与审批机制(涵盖一般授权与特别授权,确保各级管理层及员工在既定权限内行事)、会计系统控制(依据法律法规建立严密会计体系,保障财务报告的真实准确)、财产保全控制(通过多种措施确保资产安全)、预算控制(强化预算编制、执行、分析及考核,确保预算目标的达成)、业绩评价(对比实际与预期业绩,灵活调整经营策略),以及信息系统控制(利用信息技术提升内控效率,确保信息安全)。此外,还包括组织结构、人员素质、内部报告等其他控制活动,这些要素共同构建起严密的内部控制网络,为企业的稳健运营与持续发展奠定坚实基础。

为了确保控制活动的有效实施,企业需采取多维度措施。首先,必须建立健全内部控制制度,详细界定各项控制活动的具体要求与操作流程,以"制度完善"为基石,奠定内部控制的坚实基础。其次,需将控制活动的责任明确分配至各相关部门及个人,确保每一项控制活动都能得到切实有效的执行,实现"责任明确"。同时,建立高效的监督机制,对控制活动的执行情况进行定期审查与评估,以便及时发现并纠正潜在问题,确保"监督到位"。最后,企业应保持敏锐的洞察力,根据外部环境变化与内部经营状况调整,不断对控制活动进行优化与完善,以增强其适应性与时效性,实现"持续改进"。通过这些举措的协同作用,企业能够确保控制活动的有效运行,为企业的稳健发展提供坚实保障。

(四)信息与沟通(information and communication)

信息与沟通是指企业及时、准确、完整地收集、处理、传递与内部控制相关的信息,确保这些信息能够在企业内部各层级、各部门以及企业与外部之间进行有效沟通。

在内部控制体系中,信息与沟通具有举足轻重的地位。它是企业管理层作出科学决策的基石,通过提供及时、准确的信息支持,助力管理层深入洞察企业运营状况与市场动态,从而制定更加合理且高效的战略决策。同时,信息与沟通作为内部控制有效实施的催化剂,确保了内部控制措施能够精准传达至各层级与部门,并得以切实执行,及时揭露并纠正潜在问题与风险,维护企业的内部控制秩序。此外,良好的信息与沟通机制还能显著优化管理流程,通过减少信息传递的层级与环节,提升信息传递的速度与准确性,进而降低管理成本,提升整体管理效率。更为关键的是,通过对外部市场环境、政策变动等信息的敏锐捕捉与深入分析,企业能够预见并防范潜在的经营风险,为企业的稳健运营与持续发展筑起坚实的防线。

信息与沟通涵盖了从信息的收集、处理到传递的全过程。首先,企业需要构建一套全面且高效的信息收集机制,确保无论是源自企业内部各层级、部门间的运营数据,还是外部市场环境、政策变动等外部信息,都能被及时、准确地捕获。信息收集手段多样,包括但不限于定期报告制度、详尽的问卷调查、深入的市场调研以及严格的内部审计等,以确保信息的全面性和时效性。

其次,信息处理环节同样重要。收集到的信息需经过精心整理、深入分析和专业加工,以便直接服务于内部控制的实际需求。为此,企业可以充分借助先进的信息技术手段,如高效的数据分析软件和集成的 ERP 系统,实现对信息的快速处理和精准分析。同时,建立严格的信息筛选与过滤机制,确保信息的真实性与可靠性,为决策提供坚实的数据基础。

最后,信息传递作为信息与沟通的核心,其顺畅与否直接关系到内部控制的效果。企业需构建一套高效的信息传递渠道和机制,确保信息能够在企业内部各层级、各部门间无缝流转,同时也需确保企业与外部利益相关者之间的信息沟通畅通无阻。信息传递方式灵活多样,如口头通知、书面报告、电子邮件以及定期的会议讨论等,可根据实际情况灵活选用。此外,建立有效的信息反馈机制,及时评估信息传递的效果,发现并解决存在的问题,对于持续优化信息与沟通流程具有重要意义。

为了实现有效的信息与沟通,企业需采取多维度策略。首先要建立健全信息与沟通制度,这一制度需明确界定信息收集、处理、传递及反馈的详尽流程与责任归属,以确保信息的准确性、时效性及可追溯性。同时,企业应强化信息技术建设,积极引入并应用现代信息技术手段,如数据分析工具、ERP 系统等,以提升信息处理与传递的效率与质量,实现信息的快速流转与精准分析。此外,培养员工的信息意识同样至关重要,通过系统性的培训与教育,加深员工对信息价值的认识,提升其信息搜集、整理与分析的能力,使每位员工都能成为信息与沟通的积极参与者。最后,建立开放包容的企业文化,鼓励员工间的积极交流与信息共享,打破部门壁垒,促进跨部门、跨层级的沟通与协作,从而营造一种积极向上、开放透明的信息沟通氛围,为企业的稳健发展奠定坚实基础。

(五)内部监督(internal supervision)

内部监督是指企业对其内部控制的健全性、合理性和有效性进行监督检查与评估,形成书面报告并作出相应处理的过程。其目的是确保内部控制体系能够按照既定的目标和要求运行,及时发现并纠正内部控制缺陷,保障企业资产的安全完整、会计信息的真实可靠以及经营活动的合法合规。

企业应构建一个全面的内部监督机制,定期对内部控制体系实施双重监督——日常监督与专项监督。日常监督作为常规性、持续性的活动,贯穿于企业日常运营的每一个环节,确保对日常活动进行不间断的审视。而专项监督则更具针对性,聚焦于特定领域或潜在问题,进行深入剖析与检查。此监督过程必须覆盖内部控制的所有核心要素及业务流程,以确保其全面性与深度,不遗漏任何可能的风险点。

在监督过程中,一旦发现内部控制存在缺陷,如制度设计上的不足、执行层面的懈怠或人为操作失误等,企业应迅速识别并详尽记录。随后,对于识别出的内部控制缺陷,需立即启动报告机制,清晰界定缺陷的性质、评估其潜在影响范围,并提出切实可行的改进建议。

针对已报告的内部控制缺陷,企业应制定详尽的整改措施与计划,明确整改责任人及完成时限,确保问题得到及时有效的处理。整改期间,企业应实施严格的跟踪机制,监控

整改进展,确保每一项措施都能落实到位。整改完成后,企业还需对整改效果进行全面评估,以验证内部控制是否得到有效改进和完善,从而形成一个闭环的内部控制监督与提升机制。

内部监督作为内部控制体系的支柱,其重要性不言而喻。它首先确保了内部控制体系的有效运行,通过持续监督与评估,企业能够及时发现并解决内部控制中的问题与缺陷,保证整个体系能够紧密围绕既定目标和要求顺畅运转。其次,内部监督是推动企业管理水平提升的关键力量,它像一面镜子,让企业能够清晰地看到自身管理中的漏洞与薄弱环节,从而驱动企业不断完善管理制度,优化业务流程,进而实现管理效能的飞跃。再者,内部监督也是企业资产安全的守护神,通过严密监控和审计,能确保每一项资产都得到妥善保管与合理利用,有效防范资产流失与浪费的风险。最后,内部监督还是企业合规经营的重要保障,它助力企业严格遵循法律法规和规章制度,确保企业的每一项经营活动都在合法合规的轨道上稳健前行。

为了确保内部监督的有效性,企业需采取一系列综合性措施。首先,建立健全内部监督机制是基础,企业应制定详尽且全面的内部监督制度和流程,明确界定监督职责与权限,为内部监督工作的有序开展奠定坚实基础。其次,加强监督队伍建设至关重要,企业应致力于培养一支既具备较高素质又具备专业能力的内部监督团队,通过提升监督人员的专业能力和职业素养,确保监督工作的专业性和权威性。同时,强化信息化建设也是提升内部监督效率与准确性的重要途径,企业可以利用现代信息技术手段,如建立内部控制信息系统、运用大数据分析等,实现监督工作的智能化、自动化,从而大大提高监督的效率和精准度。最后,加强沟通与协作同样不可或缺,内部监督部门应与其他部门保持紧密联系与沟通,共同协作,形成合力,共同推动内部控制体系持续优化与升级,确保企业内部环境健康与稳定。

例题 1-1 (多项选择题)关于内部控制的定义,以下描述正确的有( )。

A. 内部控制仅指企业的财务报告控制过程

B. 内部控制是由组织的董事会、管理层及其他员工实施的过程

C. 内部控制旨在为组织的运营效率、财务报告的可靠性和法律法规遵守提供合理保证

D. 内部控制包括策略、过程、任务、行为、组织结构和技术等多个方面

正确答案:BCD

解析:内部控制不是仅限于财务报告控制的概念,而是一个广泛的概念。它包括组织的运营效率、法律法规的遵守等方面。因此,选项 A 是错误的。内部控制确实是由组织内的不同层级和角色共同实施的过程,旨在提供对组织目标实现的合理保证,并且覆盖了组织的各个方面,包括策略、过程等。

例题 1-2 (多项选择题)内部控制的目标包括( )方面。

A. 优化企业的市场竞争策略   B. 提高运营效率和效果

C. 确保财务报告的可靠性   D. 促进遵守法律和监管合规

正确答案:BCD

解析:虽然内部控制对企业在市场上的表现有间接影响,但优化市场竞争策略并不直

接作为内部控制的目标,因此选项 A 不正确。

任务二 风险管理认知

一、风险管理的概念

风险管理是一个系统性的过程,目的在于理解、评估和应对风险,确保企业目标的实现。它包括风险的识别、风险的分析和评估、风险处理策略的选择和实施,以及风险监控和复审。

风险管理的目的是使组织能够通过提前识别潜在问题并采取预防措施,从而在可接受的风险范围内使企业价值最大化。

二、风险的类型

风险管理覆盖了多种类型的风险,包括但不限于:

(1)财务风险,涉及现金流、资金成本、货币汇率和金融市场的不确定性。

(2)运营风险,是指与企业的日常运营活动相关的风险,如供应链中断、生产失败或服务质量下降。

(3)市场风险,是指因市场条件变化(如需求下降、竞争加剧)而影响企业的风险。

(4)法律和合规风险,因不遵守法律法规而可能遭受的损失,包括罚款和诉讼等。

(5)技术风险,是指与技术失败或安全漏洞相关的风险。

(6)战略风险,是指因企业战略选择不当而导致的风险。

(7)声誉风险,是指因企业行为导致公众信任度下降而带来的风险。

三、风险管理的目标

风险管理的目标是通过识别、评估、控制和监控组织面临的风险,来保护组织的资产和利益,确保组织目标的顺利实现,并促进可持续发展。具体来说,风险管理的目标包括以下几个方面:

(1)保护组织资产。风险管理的首要目标是保护组织的物理和非物理资产免受损失。这包括但不限于财务资产、员工、知识产权、企业声誉和客户数据等。

(2)确保业务连续性。通过识别可能对组织运营产生影响的风险,并制定有效的应对措施,风险管理有助于确保关键业务活动的连续性和组织的稳定运营。

(3)最小化风险影响。通过预先识别潜在风险并采取预防措施,风险管理旨在减少这些风险对组织运营和财务状况的负面影响。

(4)促进法律和监管合规。风险管理帮助组织识别和遵守适用的法律法规和行业标准,减少因违规而可能遭受的法律诉讼、罚款或其他制裁的风险。

(5)提高决策质量。通过提供关于潜在风险及其影响的系统性信息,风险管理支持管理层作出更加明智和信息充分的决策。

(6)增强利益相关者信任。有效的风险管理可以增强投资者、客户、员工和其他利益相关者对组织的信任,通过展示组织对风险管理的认真态度和能力,提升组织的市场声誉

和竞争力。

（7）识别和把握机会。风险管理不仅要避免损失，还要识别和利用与风险相关的机会，促进组织的创新和发展。

（8）支持可持续发展。通过系统性的风险管理，组织能够更好地应对环境、社会和治理（ESG）相关风险，支持组织的可持续发展战略，符合社会责任和可持续发展的要求。

总之，风险管理的目标是通过全面和系统性的风险识别、评估和控制，帮助组织在面对不确定性和潜在威胁时保持稳健和竞争力，同时实现长期的增长和成功。

四、风险管理的过程

风险管理过程是一个系统性、动态循环的框架，其目的是帮助企业有效识别、评估、处理、监控并复审可能影响其运营、财务状况、声誉或战略目标的各种风险。风险管理的过程包括以下五个环节：

（一）风险识别

在这一阶段，企业采用多种工具和技术来全面且系统地识别潜在风险。除了通过传统的 SWOT（优势、劣势、机会、威胁）分析法来评估内部和外部因素外，还结合专家访谈以获取专业领域的深入见解。历史数据分析法是指通过回顾过去的事件和趋势，预测未来可能发生的风险。此外，企业还可运用风险清单、问卷调查、头脑风暴会议等方法，确保不遗漏任何重要风险源。

（二）风险评估

识别风险后，企业需对其进行深入评估，以确定其对企业目标的影响程度和发生的可能性。这通常涉及定性和定量两种分析方法。定性分析侧重于风险的性质、影响范围及严重程度，而定量分析则通过统计模型、概率论等方法，为风险赋予具体的数值，如损失金额的预期值或风险发生的概率。评估结果有助于企业优先处理最紧迫和最关键的风险。

（三）风险处理

基于风险评估的结果，企业需制定风险处理策略。这包括四种主要策略：①风险避免，即通过调整战略或操作来完全消除风险；②风险减轻，即采取措施降低风险发生的可能性或减轻其影响；③风险转移，如通过购买保险、签订合同等方式将风险责任转嫁给其他方；④风险接受，即当风险较小或处理成本过高时，选择承担风险后果。每种策略的选择需综合考虑企业资源、风险偏好及外部环境等因素。

（四）实施风险管理计划

一旦确定了风险处理策略，企业就需要制定详细的风险管理计划，并付诸实施。这包括制定相关政策、程序以确保风险管理活动的规范性和一致性；编制预算以支持风险管理措施的实施；以及合理分配资源和责任，确保各部门和人员都能有效参与风险管理过程。此外，还需建立风险预警机制，以便在风险发生时迅速响应。

（五）监控和复审

风险管理的最后一步是持续监控和定期复审。企业应建立风险监控体系，实时跟踪风险管理策略的执行情况，确保各项措施得到有效落实。同时，还需定期复审风险管理计划，根据外部环境变化、企业战略调整或风险管理的实践，对计划进行必要的更新和完善。这一过程是循环往复的，旨在确保企业的风险管理能力能够持续适应新的风险挑战。

五、风险管理的意义

风险管理不仅关乎企业的日常运营与长远发展,更是企业稳健前行、赢得市场与利益相关者信任的关键所在。首先,通过全面深入地了解和评估风险,企业能够基于更充分的信息作出更加明智、精准的决策,从而提高决策质量。其次,有效的风险管理机制如同企业的防护盾,能够帮助企业预防和减轻潜在负面事件的影响,确保企业在面对挑战时依然能够保持稳健,免受重大损失。这种稳健性不仅为企业提供了生存的保障,更为其成长和发展奠定了坚实的基础。

在追求成长与发展的过程中,风险管理如同企业的导航灯,指引企业识别并管理风险,从而更加自信地探索新的市场机遇和增长策略,同时最大限度地减少可能的挫折与失败。此外,风险管理还优化了企业的资源分配,通过精准识别关键风险领域,确保有限的资源能够集中在最需要的地方,实现投资回报的最大化。

进一步而言,有效的风险管理不仅关乎企业内部治理的完善,还是企业对外展示其专业能力与责任担当的重要窗口。它增强了投资者、客户、员工及其他利益相关者对企业的信任与信心,为企业树立了良好的社会形象。在竞争激烈的市场环境中,这种信任与信心是企业宝贵的无形资产,有助于企业在众多竞争者中脱颖而出,赢得更多的市场份额。

最后,随着全球法规环境的日益复杂与严格,风险管理成为企业确保合规经营、避免法律风险的必要手段。它不仅保护了企业的财务安全,还维护了企业的声誉与品牌价值,为企业的可持续发展提供了坚实的法律保障。综上所述,风险管理的意义在于它全方位地提升了企业的抗风险能力、决策水平、市场竞争力以及合规经营能力,是推动企业持续健康发展不可或缺的力量。

风险管理不仅是一种防御机制,用于识别和减轻潜在的负面影响,还是企业战略规划和决策过程的一个重要组成部分。通过系统性风险管理,企业能够更好地应对内外部的不确定性和挑战,保护并增加企业价值,同时促进可持续发展和长期成功。因此,将风险管理作为企业文化的一部分,培养全员的风险意识,是现代企业管理的重要方向。

任务三 内部控制与风险管理的关系认知

内部控制和风险管理是组织治理结构中互相补充、密切相关的两个方面,它们共同作用,帮助组织实现其目标,并确保组织的持续运行和发展。虽然两者具有不同的侧重点,但实际上是相互依赖、相互强化的。

内部控制主要关注建立一套有效的管理过程和控制活动,以确保组织的运营效率、财务报告的可靠性和合规性。内部控制的目标是通过预防、检测和纠正组织内部的问题来保护组织资产,确保信息的可靠性,并遵守相关法律和规章制度。

风险管理则更侧重于识别、评估和处理组织面临的整体风险,包括但不限于财务风险、运营风险、市场风险和合规风险等。风险管理的目的是通过对风险的系统性管理,最小化风险对组织目标实现的潜在负面影响。

内部控制与风险管理的关系体现在以下方面:

一、互为基础

内部控制是风险管理的基础,为风险管理提供了必要的数据和信息。同时,风险管理识别的风险信息是制定有效内部控制措施的基础。

二、目标相互支持

内部控制和风险管理的最终目的都是帮助组织实现业务目标,保护组织免受各种风险的损害。通过有效的风险管理,组织能够识别和优先处理重大风险,而内部控制则提供了处理这些风险的具体措施。

三、过程互补

风险管理过程识别和评估组织面临的风险,而内部控制则关注针对这些风险实施具体的控制措施。内部控制措施的有效性需要通过风险管理过程中的监控和评估来验证。

四、持续改进

风险管理和内部控制都需要定期审查和更新,以应对组织内外部环境的变化。通过不断评估和调整内部控制措施和风险管理策略,组织能够更有效地应对新的挑战和机会。

内部控制与风险管理共同构成了组织管理的核心,两者的有效结合能够增强组织的风险应对能力,保护组织资产,确保组织目标的实现。在实际操作中,组织应当视内部控制和风险管理为一个整体,通过整合资源和信息,实施协调一致的管理策略,从而实现最优的风险控制效果和组织效能。

例题 1-3 (论述题)为什么有效的风险管理对现代企业成功至关重要?

解答:(答案不唯一,合理即可。)

有效的风险管理对于现代企业的成功至关重要,因为它不仅能够帮助企业应对和减轻潜在的负面影响,还能够增强企业的竞争力和市场适应性,支持企业可持续发展和长期目标。通过提前识别风险并制定应对策略,企业能够更有效地管理和利用其资源,同时保持对外部变化的敏感性和适应性。此外,良好的风险管理实践也有助于企业建立正面的企业形象,增加客户、投资者和其他利益相关者的信任,为企业的发展创造更加稳定和有利的外部环境。

在当前全球经济环境下,企业面临的风险越来越多样化和复杂化,包括技术风险、供应链风险、市场风险、财务风险和声誉风险等。有效的风险管理能够帮助企业系统地识别这些风险,通过综合评估风险的概率和影响,制定合理的风险应对措施,从而使企业能够在不确定性中找到成长和发展的机会。

此外,随着社会对企业社会责任和可持续发展的要求日益增加,企业的风险管理也不仅仅局限于财务和运营方面,还包括对环境、社会和治理(ESG)相关风险的管理。通过有效的风险管理,企业不仅能够减少对环境和社会的负面影响,还能够把握可持续发展的机遇,实现长期价值的增长。

综上所述,有效的风险管理是现代企业成功的关键因素之一。企业需要将风险管理视为战略规划和日常运营的重要组成部分,持续投资于风险管理的体系和能力建设。

✎ 强化练习

一、单项选择题

1. 内部控制的主要目的是(　　)。
   A. 增加企业利润　　　　　　　　　　B. 保护企业资产
   C. 提升员工满意度　　　　　　　　　D. 扩大市场份额
2. 风险管理的第一步是(　　)。
   A. 风险评估　　　　B. 风险识别　　　　C. 风险控制　　　　D. 风险监控
3. 根据 COSO 框架,下列选项不属于内部控制组成部分的是(　　)。
   A. 控制环境　　　　　　　　　　　　B. 风险评估
   C. 监督活动　　　　　　　　　　　　D. 利润最大化
4. 下列各项中,不属于风险管理目标的是(　　)。
   A. 保护组织资产　　　　　　　　　　B. 确保财务稳定性
   C. 减少所有运营风险　　　　　　　　D. 提高决策质量
5. ISO 31000 标准与(　　)领域最相关。
   A. 质量管理　　　　　　　　　　　　B. 风险管理
   C. 人力资源管理　　　　　　　　　　D. 信息技术管理

二、多项选择题

1. 内部控制系统的有效实施可以带来的好处有(　　　　)。
   A. 提高运营效率　　　　　　　　　　B. 确保财务报告的准确性
   C. 增强市场竞争力　　　　　　　　　D. 提升产品质量
2. 风险管理过程的步骤包括(　　　　)。
   A. 风险识别　　　　　　　　　　　　B. 风险评估
   C. 收益最大化　　　　　　　　　　　D. 风险监控
3. 下列因素中,可以被视为企业内部控制风险的有(　　　　)。
   A. 员工盗窃　　　　　　　　　　　　B. 市场竞争
   C. 财务报告错误　　　　　　　　　　D. 法律合规问题
4. 有效的风险管理能够实现的目标有(　　　　)。
   A. 促进法律和监管合规　　　　　　　B. 保护企业资产
   C. 增加市场份额　　　　　　　　　　D. 提高决策质量
5. 根据 COSO 内部控制框架,下列选项属于内部控制组成部分的有(　　　　)。
   A. 控制环境　　　　　　　　　　　　B. 风险评估
   C. 信息与沟通　　　　　　　　　　　D. 营销策略

三、分析题

1. 分析内部控制对企业运营效率的影响,并举例说明。
2. 描述风险管理在企业战略规划中的作用,并提供一个实际案例。

素养园地

晟启公司的内部控制与社会责任

一、案例背景

江西新晟启环保科技有限公司(以下简称"晟启公司")是一家致力于环境保护技术研发和应用的企业,主要业务包括环境保护专用设备制造与销售、环境保护通用设备制造与销售、新兴能源技术研发、低温仓储(不含危险化学品等需许可审批的项目)等。

二、内部控制实践

晟启公司在内部控制方面采取了多项措施,以确保公司运营的高效、合规,并最大化地履行其社会责任。这些措施包括:

1. 风险评估与管理

晟启公司建立了完善的风险评估与管理体系,通过定期的风险评估,识别并应对可能影响公司业务和社会责任的风险。例如,在项目立项之前,公司会评估项目对环境的潜在影响,并制定相应的风险管理措施,确保项目的可持续性。

2. 合规管理

公司设立了专门的合规部门,负责监督和确保公司在运营过程中遵守相关法律法规和行业标准。合规部门不仅关注环境保护相关的法律法规,还关注劳动法、税法等多方面的法律法规,确保公司的经营活动合法合规。

3. 内部审计

晟启公司建立了独立的内部审计部门,定期对公司各项业务流程进行审计,发现并纠正可能存在的问题。内部审计不仅关注财务数据的准确性,还关注环保措施的落实情况,确保公司在实现经济效益的同时,不忘履行社会责任。

4. 信息披露

为了提高透明度,公司定期发布企业社会责任报告,详细披露公司在环境保护、员工权益保障、社区参与等方面的实践和成就。通过信息披露,晟启公司与利益相关方建立了良好的沟通渠道,增强了社会公众对公司的信任和支持。

三、社会责任实践

在履行社会责任方面,晟启公司的具体实践包括:

1. 环保技术研发

公司投入大量资金和人力进行环保技术的研发,不断创新,提升环保技术的效率和效果。例如,公司研发的高效废水处理系统,大幅降低了工业废水对环境的污染。

2. 员工权益保障

晟启公司注重员工的权益保障,提供良好的工作环境和发展机会。公司定期组织员工培训,增强员工的专业技能和环保意识。同时,公司实行公平的薪酬制度和激励机制,激发员工的工作积极性。

3. 社区参与

公司积极参与社区建设,通过捐赠、志愿服务等多种形式回馈社会。例如,晟启公司定期组织员工参与社区环保活动,向公众宣传环保知识,增强社区居民的环保意识。

4. 可持续发展

环保科技致力于推动可持续发展,在运营过程中始终坚持绿色低碳的原则。例如,公司在生产过程中采用节能设备和工艺,减少资源消耗和环境污染。此外,公司还积极推进供应链的绿色管理,与供应商共同努力,打造绿色供应链。

四、内部控制与社会责任

通过内部控制体系的有效运行,晟启公司不仅提升了管理水平和运营效率,还促进了社会责任的履行。具体表现为:

1. 保障合规运营

内部控制体系确保公司各项业务活动的合法合规,降低了法律风险和运营风险,保障了公司的长期稳定发展,为公司履行社会责任提供了坚实的基础。

2. 提升透明度

内部控制中的信息披露机制提高了公司的透明度,增强了社会公众对公司的信任,有助于公司在社会责任方面的良好表现获得更广泛的认可和支持。

3. 促进可持续发展

内部控制体系中的风险管理和合规管理措施,促使公司在运营过程中更加注重环境保护和资源节约。这不仅有助于公司实现可持续发展目标,还提升了公司在社会责任方面的形象和声誉。

4. 提高员工参与度

通过内部控制中的员工培训和激励机制,提升了员工的专业素质和环保意识,激发了员工参与公司社会责任活动的积极性。这使得公司在履行社会责任方面能够获得更大的内外部支持。

公司通过完善的内部控制体系,有效促进了企业社会责任的履行,实现了经济效益和社会效益的双赢。这一案例不仅展示了企业内部控制与社会责任之间的密切关系,也为其他企业提供了有益的借鉴。通过不断完善内部控制和积极履行社会责任,企业不仅能够实现可持续发展,还能为社会的进步作出积极贡献。

项目二 组织架构与内部控制设计与运行

🕐 思维导图

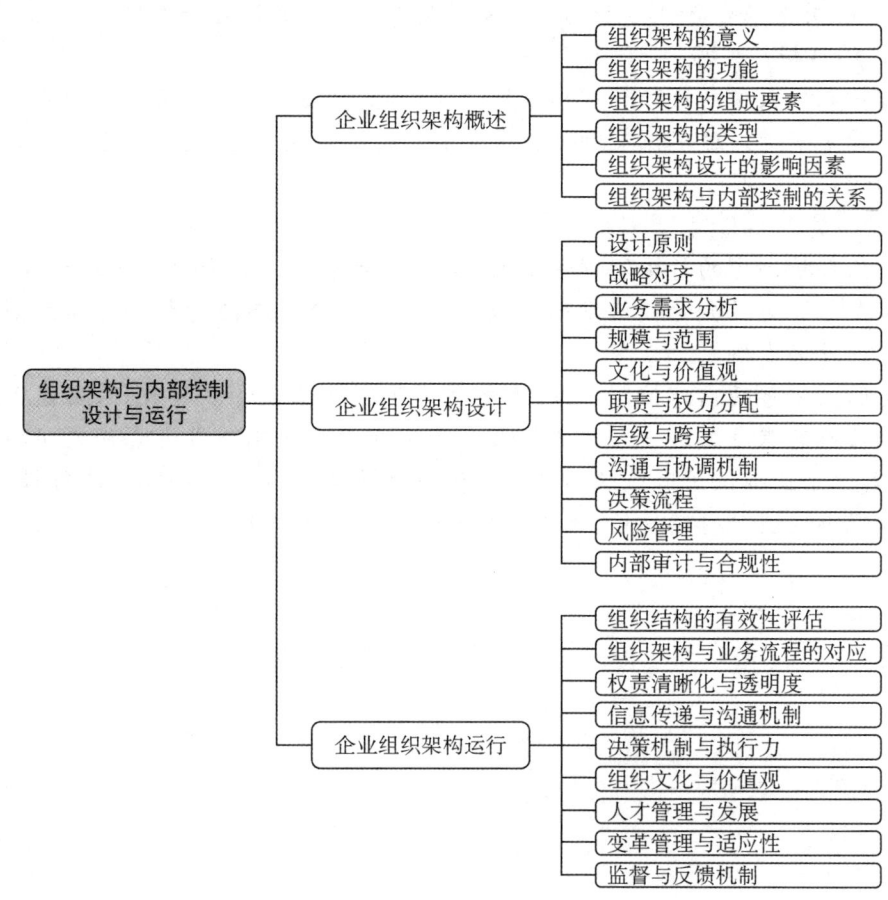

组织架构与内部控制设计与运行

企业组织架构概述
- 组织架构的意义
- 组织架构的功能
- 组织架构的组成要素
- 组织架构的类型
- 组织架构设计的影响因素
- 组织架构与内部控制的关系

企业组织架构设计
- 设计原则
- 战略对齐
- 业务需求分析
- 规模与范围
- 文化与价值观
- 职责与权力分配
- 层级与跨度
- 沟通与协调机制
- 决策流程
- 风险管理
- 内部审计与合规性

企业组织架构运行
- 组织结构的有效性评估
- 组织架构与业务流程的对应
- 权责清晰化与透明度
- 信息传递与沟通机制
- 决策机制与执行力
- 组织文化与价值观
- 人才管理与发展
- 变革管理与适应性
- 监督与反馈机制

学习目标

知识目标
(1) 理解组织架构的定义与功能。
(2) 掌握组织架构的组成要素与类型。
(3) 理解组织架构设计的影响因素。
(4) 理解组织架构与内部控制的关系。
(5) 理解组织架构的运行逻辑。

能力目标
(1) 能够根据企业特点,设计组织架构。
(2) 能够根据企业组织架构的运行情况,分析其内部控制水平。

素养目标
(1) 培养理论联系实际的能力。
(2) 培养辩证思维与协调发展思维。

案例导入

太阳电器有限公司的组织架构

一、组织架构

太阳电器有限公司(以下简称"太阳电器")在调整之前是较为传统的职能型组织架构,主要包括董事会、总经理办公室、研发部、生产部、销售部、财务部、人力资源部、采购部、质量控制部9个部门。

为应对市场的快速变化和进军智能家居领域,太阳电器在2019年进行了组织架构调整,增加了新的事业部和管理层级,调整后的架构及职能如下:

1. 董事会
负责公司战略决策和重大事项的审批。

2. 总经理办公室
负责公司日常管理和运营,包括行政管理和协调各部门工作。

3. 智能家居事业部
新设立的部门,负责公司智能家居业务的开发和推广。
(1) 研发中心:负责智能家居产品的研究与开发。
(2) 生产中心:负责智能家居产品的生产与制造。
(3) 销售中心:负责智能家居产品的市场推广和销售。

4. 传统家电事业部
负责公司传统家电业务的运营。
(1) 研发部:负责传统家电产品的研究与开发。

（2）生产部：负责传统家电产品的生产与制造。

（3）销售部：负责传统家电产品的市场推广和销售。

5. 财务中心

负责公司财务管理和内部控制。

（1）会计部：负责公司日常会计核算工作。

（2）预算部：负责公司预算编制和执行监督。

（3）成本控制部：负责公司成本控制和费用管理。

6. 人力资源中心

负责公司人力资源管理和开发。

（1）招聘部：负责公司员工招聘和配置。

（2）培训部：负责公司员工培训和发展。

（3）绩效考核部：负责公司员工绩效考核和激励机制。

7. 采购中心

负责公司物资采购和供应链管理。

（1）供应链管理部：负责供应链的规划和管理。

（2）供应商关系部：负责供应商的选择和关系维护。

8. 质量控制中心

负责公司产品质量管理和控制。

（1）质量检验部：负责产品质量的检验和检测。

（2）质量管理部：负责质量管理体系的建立和维护。

9. 信息技术中心

新设立的部门，负责公司信息技术支持和系统开发。

（1）IT 支持部：负责公司日常 IT 支持和维护。

（2）系统开发部：负责公司信息系统的开发和优化。

二、组织架构中存在的问题

运行一段时间后，公司发现其组织架构存在一些问题：

1. 职责不清，信息沟通不畅

由于在新设立的智能家居事业部中，职责分工不够明确，导致研发、生产和销售部门之间的沟通出现障碍。智能家居产品的开发进度一再拖延，市场反馈的信息无法及时传递到研发团队，错失了多次市场机会。

2. 权责不对等，管理层级冗长

增加了多个管理层级，试图通过细化管理来提升效率。然而，新的管理层级导致决策链条过长，信息传递效率低下，多次出现由于决策滞后而导致的市场反应迟缓问题。同时，部分管理者权力过大，但责任心不强，导致内部控制失效，采购和销售环节出现了舞弊事件。

3. 缺乏灵活性，难以适应市场变化

在组织架构调整后，未能充分考虑市场的快速变化，组织结构过于僵化，无法快速响应市场需求。尤其是在面对智能家居这一新兴领域时，传统的家电管理模式显得过于保守，错失了多个重要的市场时机。

4. 质量控制和信息技术支持不足

虽然设置了质量控制中心和信息技术中心,但由于资源配置不均衡和部门间协作不畅,质量控制和信息技术支持工作不到位,导致产品质量问题频发,信息系统故障频繁,影响了公司的整体运营效率。

思考:

太阳电器应如何针对存在的问题优化组织架构。

知识准备

任务一　企业组织架构概述

一、组织架构的意义

组织架构是企业内部管理的核心框架,它通过明确的层级结构、部门划分、职位设置和职责分配,确立了企业的基本运作模式。

首先,组织架构通过层级化的设计,将管理职责和决策权力分配给不同级别的管理人员,从而实现对企业运作的有效监督和控制。高层管理负责制定战略方向和重大决策,中层管理负责执行高层决策并监督基层员工,而基层员工则专注于日常的工作任务。

其次,组织架构通过部门划分,将企业按照功能或产品线划分为不同的部门,如财务、人力资源、市场和研发等。这种划分有助于提高专业效率,确保各项业务能够协同工作,同时促进跨部门的沟通和协作。

再者,组织架构明确了每个职位的职责和权力,确保员工了解自己的工作范围和决策权限,从而提高工作效率和责任感。同时,通过职责分离原则,可以防止权力过于集中,强化内部控制和风险管理。

此外,组织架构还规定了信息流动的沟通渠道和工作流程,确保信息能够在组织内部高效、准确地传递,减少沟通成本,提高决策速度。

组织架构的设计还应考虑灵活性和适应性,以应对市场变化和业务发展的需求。它需要能够支持企业的创新和变革,同时保持稳定性和连续性。

最后,组织架构的设计和管理应符合法律法规和伦理标准,体现企业的社会责任,促进员工的职业发展,并与企业文化和价值观相一致。

综上所述,组织架构是企业内部控制和运营管理的基石,它通过合理的设计和管理,可以提高企业的运营效率,增强内部控制,促进员工发展,从而支持企业的长期稳定发展。

在设计组织架构时,企业需要考虑其战略目标、业务需求、文化价值观以及外部市场环境等因素,以确保架构的合理性和适应性。

二、组织架构的功能

组织架构是企业实现战略目标的基石,它通过明确的层级和职责分配,确保了决策的效率和执行力。组织架构的设计不仅促进了信息在企业内部的流畅沟通,还加强了不同部门之间的协调一致性,避免了工作重叠和冲突。它通过将战略目标分解为具体任务并分配给相应部门,加快了决策过程并提高了执行力度。此外,组织架构通过职责分离和监督机制,有助于识别和管理风险,同时决定了资源的合理分配,支持企业战略的实施。绩效评估标准也随之明确,有助于提升员工的工作表现和职业能力,同时强化企业文化的塑造。良好的组织架构还具备适应性和灵活性,能够迅速响应市场变化和企业发展需求,进行必要的调整。最后,它确保企业的运营符合法律法规和行业标准,维护企业的合规性。总体而言,一个设计精良的组织架构能够显著提升企业的运营效率,加强内部控制,推动企业向着既定的战略目标稳步前进。

三、组织架构的组成要素

组织架构是企业内部管理的核心框架,它由多个关键要素组成,共同确保企业运作的有序性和效率。

首先,层级结构通过明确的指挥链,将管理职责和决策权力分配给不同级别的管理人员,从而实现对企业运营的有效监督和控制。

其次,部门划分根据业务功能或产品线,将企业划分为不同的部门,如财务、人力资源、市场和研发等,以提高管理专业化水平和运营效率。在每个部门内部,根据工作需要设立不同的职位,每个职位都有明确的工作职责和权力范围,确保员工清楚自己的角色和任务。职责分配进一步明确了各个职位的日常工作任务、决策权限以及对特定业务流程的监督和控制。权力与责任的明确,确保了管理人员了解自己的权力边界和承担的责任。

组织架构还定义了信息在企业内部流动的沟通渠道,包括垂直沟通和水平沟通,以及工作流程的设计,确保任务和项目能够按照既定的顺序和时间进行。

决策机制规定了企业内部的决策流程,而协调机制则促进了不同部门或团队之间的合作,以实现共同的目标。

此外,绩效评估体系评价员工和团队的工作表现,以及他们对企业目标的贡献。员工发展路径为员工提供了职业发展的机会和路径,帮助他们规划个人职业发展,并在企业内部实现晋升。组织架构的设计往往反映了企业的文化和价值观,对员工行为和决策产生影响。

最后,组织架构的设计和管理需遵循法律法规和伦理标准,确保企业的运营合法合规。这些组成要素相互作用,确保了企业能够高效、有序地运作,并实现其战略目标。一个设计良好的组织架构可以提高企业的决策效率,加强内部控制,促进员工发展,最终推动企业向着既定的战略目标稳步前进。

四、组织架构的类型

组织架构类型是企业根据其业务需求、管理风格和战略目标设计内部结构的不同方式。现代企业的组织架构主要有以下八种:

(一)直线制组织架构

直线制架构以其清晰的指挥链和快速决策过程,适用于任务明确且变化不大的环境。直线制架构通常被描述为金字塔形状,其中最高层是首席执行官(CEO)或总裁,下面是中层管理人员,再下面是基层管理人员,最底层是普通员工。每个层级之间是直接的上下级关系。

（二）职能式组织架构

职能架构通过按业务功能组织部门，促进了专业化管理，但可能面临跨部门协调的挑战。在职能制架构中，企业被划分为不同的功能部门，如财务、人力资源、市场等。每个部门都有一个负责人，所有这些部门负责人都直接向 CEO 或高层管理团队报告。结构上，这些部门在组织图上围绕高层管理人员呈放射状排列。

（三）矩阵制组织架构

矩阵制综合了直线制和职能制的特点，通过员工向职能部门和项目团队双向报告，旨在提高合作和资源共享，但可能导致决策复杂化。矩阵制架构在组织图上显示为一个双重层级结构。一方面，有按功能划分的垂直部门，如工程、市场等；另一方面，有按项目或产品线划分的水平团队。员工可能同时属于一个功能部门和一个项目团队，向两个方向的负责人报告。

（四）扁平式组织架构

扁平式架构通过减少管理层级，增加了管理跨度，以适应快速变化和创新需求，但对管理者提出了更高的要求。扁平式架构的组织图上，层级较少，管理跨度较宽。CEO 或高层管理团队直接管理较多的部门或团队，而不用通过多个中间管理层。这种结构图看起来比传统的金字塔结构更"扁平"。

（五）网络化组织架构

网络化或虚拟化架构则利用技术和网络协调分散团队，适应全球化运营，但需要强化沟通和协作机制。网络化或虚拟化架构在组织图上可能没有固定的层级结构，而由多个节点组成，每个节点代表一个团队或个体。节点之间的连接表示沟通和协作的关系，这些连接可能不遵循传统的上下级模式。

（六）项目化组织架构

项目化架构以项目为中心组织团队，适合项目基础的工作模式。项目化架构在组织图上通常以项目为中心，围绕每个项目有一组团队成员，他们可能来自不同的职能部门。每个项目团队有一个项目经理，负责协调团队成员的工作。

（七）控股公司制组织架构

控股公司制架构中，母公司作为控股方，管理着多个独立运营的子公司，适用于需要分散风险和专业化管理的情境。控股公司架构在组织图上显示为一个中心控股公司，周围是它所控股的多个子公司。每个子公司都有自己的组织架构，而控股公司通过董事会或高级管理层对子公司进行监督。

（八）平台式组织架构

平台式架构则创建了一个多方交互的生态系统，促进了价值共创，适用于技术平台或市场平台等环境。平台式架构在组织图上可能表现为一个中心平台，围绕这个平台有多个参与者，如供应商、客户、合作伙伴等。中心平台负责维护和优化平台环境，而各方参与者则通过平台进行交互。

以上八种组织架构，每种架构都有其独特的优势和局限性，企业在选择时应考虑如何最有效地支持其运营效率、内部协作以及战略目标的实现，并适应外部环境的变化。正确选择和设计组织架构对于企业的长期成功至关重要。

五、组织架构设计的影响因素

设计组织架构是一个综合考量多种因素的复杂过程,其目的在于构建一个能够支持企业战略目标、提高运营效率、促进员工发展并适应市场变化的管理框架。

企业规模是影响架构设计的首要因素,它决定了管理层次的复杂性,小型企业可能倾向于扁平化管理,而大型企业则需要更复杂的层级结构。业务的复杂性同样关键,它要求组织架构能够适应不同的管理需求,确保多样化和复杂流程得到有效管理。

企业文化对架构设计的影响不容忽视,它能够塑造企业的工作方式和员工的行为模式。技术进步为组织架构带来新的可能性,支持更高效的沟通和数据共享,甚至远程工作的可行性。市场环境的稳定性和竞争性也是架构设计的重要考量因素,快速变化的市场往往要求企业架构更加灵活和响应迅速。

企业的战略目标将决定组织架构的方向和重点,确保架构与企业长远规划相匹配。法律和监管要求对架构设计具有约束作用,企业必须在合法合规的框架内设计其组织架构。全球化的程度影响到跨国企业的架构设计,特别是在跨文化管理和全球协调方面。资源的可用性,包括资金、人才和技术资源等,也会影响架构的选择和实施。

员工的能力和偏好是内部驱动因素,它们直接影响组织架构的接受度和运行效率。客户的要求和期望可能促使企业调整架构,以更好地服务市场。同时,企业的风险管理策略和内部控制需求,特别是在职责分离和监督机制方面,也对架构设计产生影响。总而言之,组织架构设计需要综合考虑这些内外部因素,以确保企业能够在不断变化的环境中稳健运营并实现其战略目标。

六、组织架构与内部控制的关系

组织架构与内部控制的有效性紧密相连,它通过确保职责分离、建立监督机制、实现检查与平衡、提高透明度、明确决策流程、支持风险管理、保障内部审计的独立性、加强员工培训、鼓励技术应用、保持适应性和灵活性,以及确保合规性,对内部控制体系产生深远影响。此外,组织架构还应体现企业文化和价值观,特别是那些体现诚信、透明度和责任感的元素。

通过这些方式,组织架构不仅为内部控制提供了结构性支持,还通过强化内部控制系统,帮助企业更有效地识别和管理风险,确保合规,保护资产,并促进可持续发展。因此,组织架构的设计和管理对于构建和维护一个健全的内部控制环境至关重要。

例题 2-1 (单项选择题)组织架构通过( )方式实现对企业运作的有效监督和控制。

A. 职责分配和信息流动 　　　　B. 层级结构和部门划分

C. 职责分配和职位设置 　　　　D. 部门划分和信息流动

答案: B

解析: 组织架构通过层级结构和部门划分,将管理职责和决策权力分配给不同级别的管理人员,从而实现对企业运作的有效监督和控制。

例题 2-2 (单项选择题)组织架构的( )功能可以防止权力过于集中

A. 部门划分 　　　　　　　　　　B. 职位设置

C. 层级结构 　　　　　　　　　　D. 职责分离

答案：D

解析： 通过职责分离,可以防止权力过于集中,强化内部控制和风险管理。

例题 2-3 (多项选择题)下列各项中,属于组织架构功能的有(　　　　)。

A. 提高决策效率 　　　　　　　　B. 加强内部控制

C. 促进员工发展 　　　　　　　　D. 增加企业利润

答案：ABC

解析： 组织架构通过明确的层级和职责分配,确保决策效率和执行力,加强内部控制,同时促进员工的发展。增加企业利润不是组织架构的直接功能。

例题 2-4 (多项选择题)影响组织架构设计的因素有(　　　　)。

A. 企业规模 　　　　　　　　　　B. 技术进步

C. 员工能力和偏好 　　　　　　　D. 企业所在国家的国庆日期

答案：ABC

解析： 影响组织架构设计的因素包括企业规模、技术进步、员工能力和偏好等。企业所在国家的国庆日期并不影响组织架构设计。

例题 2-5 (多项选择题)关于组织架构的类型,下列说法正确的有(　　　　)。

A. 直线制架构以清晰的指挥链和快速决策过程为特点

B. 矩阵制架构综合了直线制和职能制的特点

C. 扁平式架构通过增加管理层级减小了管理跨度

D. 网络化架构利用技术和网络协调分散团队

答案：ABD

解析： 直线制架构具有清晰的指挥链和快速决策过程;矩阵制架构结合了直线制和职能制的特点;网络化架构利用技术和网络协调分散团队;扁平化架构通过减少管理层级,增加管理跨度。

任务二　企业组织架构设计

一、设计原则

在企业内部控制实务中,组织架构的设计是确保企业高效运营和风险控制的基础。一个科学合理的组织架构不仅能够优化资源配置,提高工作效率,还能增强企业的竞争力和抗风险能力。因此,设计企业组织架构时需要遵循以下原则：

（一）明确职责分工

明确职责分工是企业组织架构设计的关键,这要求企业在各个层级和部门之间清晰地界定职责和权力,确保每个岗位的工作内容和责任范围清晰,避免职责重叠或遗漏。实施要点包括制定详细的岗位职责说明书,建立明确的报告和沟通机制,并定期审查和更新岗位职责以适应企业发展的变化。

（二）权责对等

权责对等原则要求在赋予岗位或部门权力的同时，确保其承担相应的责任，只有权责对等，才能激发员工的积极性和责任感，防止权力滥用和责任推诿。实施要点包括明确各级管理者和员工的权力和责任，建立权力监督机制和责任追究机制，并对关键岗位设置明确的考核和激励机制。

（三）组织层级优化

优化组织层级是提高企业运营效率的重要途径，过多的组织层级会导致沟通不畅、决策效率低下，而层级过少可能导致管理跨度过大，无法有效监督和指导下属工作。实施要点包括根据企业规模和业务复杂度合理设置组织层级，优化部门设置，避免职责重叠和资源浪费，并定期评估和调整组织层级以适应企业的发展和市场的变化。

（四）灵活适应性

企业组织架构应具有灵活性，能够快速适应外部环境和内部业务的变化。固定僵化的组织架构可能限制企业的发展和创新能力。实施要点包括建立灵活的组织结构，支持项目制和矩阵管理，推行扁平化管理以提高决策效率和响应速度，并在组织架构设计中预留一定的调整空间以便快速响应市场变化和业务需求。

（五）信息流畅通

信息流畅通是确保企业各项决策和行动协调一致的前提，设计组织架构时要确保信息在各层级和部门之间的传递准确、及时和无障碍。实施要点包括建立有效的信息传递渠道，运用信息化工具提升信息共享和沟通效率，并建立信息反馈机制，以及时发现和解决信息传递过程中的问题。

（六）以人为本

以人为本是企业组织架构设计的重要理念，关注员工的职业发展和工作满意度，有助于提升企业的凝聚力和战斗力。实施要点包括设计科学的职业发展通道，建立公平的绩效考核和激励机制，重视员工的培训和能力提升，从而增强员工的职业素养和业务能力。

企业组织架构的设计是一个系统工程，需要综合考虑企业的战略目标、业务特点和外部环境等多方面因素。遵循明确职责分工、权责对等、组织层级优化、灵活适应性、信息流畅通和以人为本等原则，企业才能构建起高效、灵活、可持续发展的组织架构，为企业的长远发展奠定坚实基础。

二、战略对齐

确保组织架构与企业战略目标和愿景保持一致，关键在于明确企业的战略方向、理解业务模式，并识别对实现这些战略目标至关重要的关键职能。高层领导的积极参与对于确保架构设计与战略对齐至关重要。同时，通过有效沟通建立共识，让所有利益相关者对战略和架构的一致性有清晰的认识。资源分配必须反映战略重点，确保关键部门和职能得到必要的支持。组织架构应具有灵活性和适应性，以应对市场和行业的变动。绩效评估体系应与战略目标紧密相连，以激励员工朝着这些目标努力。此外，组织架构应定期接受审查，并根据战略的演变进行调整。企业文化和价值观在架构设计中也扮演着重要角色，有助于促进员工的参与和承诺。对潜在风险的管理以及变革管理计划的制定，能确保必要的组织变革能够顺利进行。最后，还应考虑员工的职业发展路径，以确保组织架构能够支持员工的个人成长和职业发展。通过这些综合措施,企业能够创建一个与战略紧密对齐的组织架构,从而提高资源利用效率、增强市场竞争力,并推动企业实现长期发展。

三、业务需求分析

进行业务需求分析是设计有效组织架构的基石,它始于对企业愿景和战略的深入理解,进而识别企业的核心业务流程。通过评估现有架构的优劣,收集内部员工、管理层、外部客户和供应商的反馈,可以更全面地把握架构调整的内容。同时,分析市场和行业趋势有助于预测未来变化,为架构设计提供前瞻性指导。基于这些信息,企业能够确定支持战略实施所需的关键职能和部门,并评估实现这些职能所需的资源,包括人力、资金、技术和设备。

风险管理和合规性要求也是业务需求分析中不可忽视的要素,它们能确保组织架构有效应对潜在风险,又能满足法律法规和行业标准。制定业务案例和进行成本效益分析有助于选择最经济有效的架构方案。同时,考虑技术和自动化的影响,确保所设计的架构能够适应技术进步带来的变革。最后,制定详细的实施计划和持续监控评估机制,保障架构设计能够顺利执行并根据业务发展进行动态调整。这样的业务需求分析流程,确保了组织架构的设计与企业的运营需求和战略目标紧密对接,为企业的长期发展和市场适应性提供了坚实的基础。

四、规模与范围

企业规模、业务范围和市场覆盖是塑造组织架构设计的重要因素,它们对企业的管理复杂性、资源分配和运营模式产生深远影响。规模较大的企业往往需要一个更为复杂的层级结构和部门划分,以有效管理广泛的业务和员工,而小型企业则可能采用扁平式架构以提高决策速度和灵活性。业务范围的多样性要求组织架构能够适应不同的业务需求,促使企业能按产品线、服务类型或地理区域划分业务单元,实现专业化管理。市场覆盖范围的扩大,特别是对跨国经营的企业而言,需要设立国际部门或区域办事处,以更好地适应不同市场的特性和遵守法律法规。

随着企业规模的增长,管理跨度的确定变得尤为重要,架构设计需要平衡管理层次与控制幅度,确保管理层能够有效地监督下属,同时避免过度管理。此外,内部沟通的有效性也变得至关重要,特别是在规模较大、业务多元化企业中,需要促进跨部门和跨层级的沟通,以保持信息流畅和决策一致性。风险管理和合规性要求也是架构设计的重要考虑因素,不同规模和业务范围的企业面临不同的风险和法规遵从挑战,架构设计应确保企业能够妥善应对。

技术应用在不同规模和业务范围的企业中扮演的角色不同,组织架构设计应支持技术的有效利用,以提高运营效率和竞争力。同时,架构设计应具备灵活性和适应性,以应对企业规模、业务范围和市场覆盖的变化,确保企业能够快速适应市场和环境的变化。员工发展也是架构设计的重要方面,它应支持人才的成长和晋升。最后,组织架构设计始终应以客户为中心,确保企业能够快速响应客户需求,提供高质量的产品和服务,从而支持企业的长期成功和可持续发展。

五、文化与价值观

文化和价值观深刻影响着企业的行为准则、决策过程和员工的工作方式。首先,企业文化中的行为准则为员工提供了日常行为的指导,架构设计必须反映这些准则,确保每个角色都能够体现企业的道德标准和行为期望。决策的集中化或分散化体现了企业文化对决策过程的影响,民主和参与式文化倾向于分散决策,鼓励员工参与。企业文化倡导的团队合作、创新和客户导向等价值观,需要在架构中得到体现,以促进相应的工作行为和互动。

组织架构应营造积极的工作氛围,支持企业文化所倡导的价值观,如包容性、多样性和员工福祉。领导风格,如变革型或服务型,影响领导层的设置和领导力发展。鼓励员工参与和反馈的文化要求架构设计能够促进员工的声音被听到,如建立跨部门团队或建议系统。企业文化对绩效管理的重视程度影响绩效评估体系的设计,架构应支持公平、透明的绩效评估和奖励机制。

重视员工个人发展的企业文化要求组织架构设计能够支持员工的学习和职业成长,提供培训和发展机会。沟通和协作价值观要求架构设计促进内部沟通渠道的畅通和团队间的协作。以客户为中心的文化要求组织架构设计确保客户的声音和需求能够被及时捕捉并反映在决策中。企业文化中的适应性和灵活性要求组织架构设计能够快速响应外部变化,如市场和技术的演进。企业的社会责任价值观也应在组织架构中体现,通过设立专门的部门来负责企业的可持续发展和社会责任活动。

综上所述,企业文化和价值观与组织架构设计紧密相连,通过将这些文化要素融入架构设计,企业能够确保内部运作与企业的长远愿景和使命保持一致,提高员工的工作满意度和忠诚度,促进创新,提高客户服务质量,最终推动企业的长期成功和可持续发展。

六、职责与权力分配

在组织架构中合理分配职责和权力是实现有效管理和控制的关键。首先,必须对企业业务活动进行细分,明确每项职责的具体内容,包括决策、执行和监督职能。随后,为每个职位或部门分配相应的权力,确保其足以完成既定职责,同时避免权力过于集中,促进决策的分散化和提高效率。设计清晰的层级结构,界定不同管理层级之间的职责和权力关系,形成有效的指挥链。按照职责分离原则,将关键业务职能分配给不同个体或部门,以减少欺诈和错误风险。此外,建立监督机制,确保每个职责的执行都有相应的监督和问责措施,提高透明度和责任感。在分配职责和权力时,应考虑组织的灵活性和适应性,以快速响应市场变化。确保沟通渠道畅通,促进信息自由流动。将职责和权力的分配与绩效管理体系相结合,确保员工的绩效目标与其职责和权力相匹配。鼓励员工授权,提高工作满意度和组织响应速度。

同时,利用技术和自动化工具提高效率和控制力,并为员工提供必要的培训和职业发展机会,以胜任其职责。最后,确保职责和权力的分配符合法律法规和伦理标准,避免合规风险。

通过这些综合措施,组织架构能够确保职责和权力得到有效分配,从而提高企业运营效率、风险管理能力、员工满意度和整体绩效。

七、层级与跨度

组织架构中的层级设置和管理层的跨度问题对于确保有效管理与沟通至关重要。层级设置反映了从高层管理者到基层员工的指挥链,有助于明确职责、权力和报告关系,从而确保决策的一致性和效率。管理跨度,即一个管理者能够有效监督的下属数量,对决策效率和个性化管理的支持程度具有直接影响。较窄的跨度可以提供更细致的监督,而较宽的跨度则可能促进员工的自主性和效率。

合理的层级和跨度设计可以加快决策过程并加强控制与监督,同时促进信息在组织内部的流通。此外,减少层级和扩大管理跨度可以赋予员工更多的自主权,提升工作满意度和参与度。组织架构应具备灵活性,以适应业务需求和市场变化,同时考虑成本效益,避免因管理层级过多而导致不必要的管理成本。

技术进步和自动化工具的使用可以在较宽的管理跨度下维持有效的监督和控制,而对管理者的适当培训则确保他们具备必要的技能来管理更广泛的职责。组织文化对层级和跨度的设计具有显著影响,不同的文化可能更倾向于扁平化或层级化的结构。最后,绩效管理体系应与层级和跨度设计相匹配,以确保能够公正地评估、奖励员工和管理者的表现。通过综合考虑这些因素,组织可以设计出一个既确保有效管理,又能适应商业环境快速变化的架构。

八、沟通与协调机制

在组织架构中设计有效的沟通与协调机制对于确保信息流通、团队合作和决策一致性至关重要。首先,需要确立正式的沟通渠道,这些渠道包括垂直沟通,确保高层管理与基层员工之间的信息传递,以及水平沟通,促进跨部门的信息交流。同时,非正式沟通网络的建立同样重要,它们能够增强团队凝聚力并促进员工间的自然交流。

沟通原则应强调开放性、透明性和及时性,鼓励员工自由分享信息和反馈。此外,协调机制的设计旨在解决部门间或团队间的工作重叠和冲突,确保各方协同工作,共同实现组织目标。定期举行的会议和研讨会为员工提供了交流和协调的机会,而技术工具,如电子邮件、即时通信、视频会议和协作软件,满足了远程沟通和协调的需求。

对员工进行沟通技巧和协调能力的培训,可以提高他们在工作中的沟通效率。建立有效的反馈循环,确保员工的意见和问题能够得到及时的回应和解决。通过沟通和协调机制的设计与实施,可以强化企业文化中的团队合作和协作精神。同时,制定危机沟通计划,确保在紧急情况下能够迅速有效地沟通关键信息。

最后,将沟通和协调机制与绩效管理系统相结合,确保员工的沟通和协调表现得到评估和认可。定期评估这些机制的效果,并根据反馈进行必要的调整和改进,以实现持续改进。通过这些综合措施,组织能够确保沟通和协调机制的有效性,从而提高决策质量、增强团队合作、提升员工参与度和满意度,最终推动组织的整体绩效和成功。

九、决策流程

在组织架构中设计高效的决策流程是提高决策效率和质量的关键。首先,决策流程应与组织的战略目标和愿景保持一致,确保所有决策都能有效支持这些目标的实现。接着,根据决策的重要性和影响范围,明确定义不同的决策层级,并分配相应的决策权给管理者和团队,使他们能够作出与其职责相符的决策。简化决策路径,减少不必要的步骤和审批环节,可以加快决策速度并提高效率。

此外,鼓励跨部门沟通和协作,确保决策能够综合考虑不同部门的意见和需求。利用信息技术和自动化工具支持决策流程,如数据分析和决策支持系统,可以提升决策的准确性和速度。同时,为不同类型的决策建立明确的标准和准则,提高决策的一致性和可预测性。通过培训和发展计划,提高管理者和员工的决策能力,包括分析问题、评估选项和承担风险的能力。

鼓励创新思维,考虑新的解决方案和创意,以提高决策的质量和效果。建立监督机制,确保决策过程的透明度和问责性,同时允许对决策结果进行评估和反馈。此外,确保决策流程能够识别和管理相关的风险,避免潜在的负面影响。

最后,定期评估决策流程的效果,并根据反馈和经验进行必要的改进,以实现持续优化。通过这些综合措施,组织能够确保决策流程的高效性,提高决策的速度和质量,增强组织的适应性和竞争力,从而推动组织的整体成功和可持续发展。

十、风险管理

组织架构的设计对于支持企业的风险管理策略至关重要。首先,组织架构应整合专门的风险管理职能,明确分配风险管理职责,并设计层级结构以支持风险信息的及时上报和处理。跨部门协作有助于全面识别、评估和应对风险,而明确的风险管理流程,包括风险的识别、评估、监控、控制和报告,是必不可少的。利用技术工具和系统可以提高风险数据的收集、分析和报告效率,同时,对员工进行风险管理培训,提升他们对潜在风险的认识和应对能力。

确保组织架构设计符合相关法律法规的要求,以降低合规风险,并与内部控制措施相结合,通过职责分离、监督和检查等手段降低风险。架构应具备灵活性,能够迅速适应风险环境的变化,调整风险管理策略。此外,设计有效的沟通和报告机制,确保风险信息能够在组织内部及时、准确地传达。将风险管理绩效纳入员工和管理层的评估体系,可以激励他们积极管理风险。最后,组织架构应支持对风险管理策略的持续监控和改进,确保策略与当前风险环境保持一致。通过这些综合措施,组织架构能够确保风险管理策略得到有效实施,降低企业面临的风险,保护企业资产,促进企业的可持续发展。

十一、内部审计与合规性

组织架构的设计对于确保内部审计的有效性和遵守相关法律法规至关重要。首先,内部审计部门必须具有充分的独立性,以便客观地评估组织的运营和风险管理。为该部门分配必要的资源,包括训练有素的审计人员和先进的审计工具,是确保其有效性的关键。在组织架构中明确内部审计的职责,涵盖审计计划的制定、执行和报告,同时设立专门的合规部门或职能,以监督企业运营是否遵循法律法规和行业标准。

建立由董事会成员组成的审计委员会,负责监督内部审计活动和处理合规事宜,确保审计活动的权威性和独立性。利用内部审计部门进行风险评估,识别可能影响合规性的潜在风险,是预防违规的重要步骤。确保内部审计的范围广泛,覆盖所有关键业务流程和操作,以全面评估合规性。此外,建立有效的沟通渠道,允许内部审计部门直接向高层管理和审计委员会报告,提高信息的透明度和流通效率。

对内部审计人员进行持续的培训,保持他们的专业能力和对最新法规的了解,是确保审计质量的关键。利用技术提高内部审计的效率和效果,如使用数据分析和信息技术审计工具,可以提升审计工作的质量和响应速度。根据风险评估的结果确定适当的内部审计频率,以确保及时识别和纠正合规问题。将内部审计和合规性绩效纳入组织绩效管理体系,激励持续改进。

实施持续监控机制,实时检测和报告合规性问题,增强了组织对潜在违规行为的响应能力。提高组织架构的透明度,确保所有利益相关者都能了解内部审计和合规性的状态。最后,建立反馈机制,将内部审计和合规性审查的结果用于组织改进和风险管理,促进了组织治理的持续优化。通过这些综合措施,组织架构能够确保内部审计的有效性,促进企业遵守相关法律法规,降低违规风险,并提高企业的整体治理水平。

例题(2-6) (单项选择题)在设计企业组织架构时,(　　)原则强调架构需要遵守相关法律法规以避免合规风险。

A. 灵活性原则　　　　　　　　B. 适应性原则
C. 合法性原则　　　　　　　　D. 效率原则

答案:C

解析:合法性原则要求组织架构设计遵守所有相关法律法规,以避免合规风险。

例题(2-7) (单项选择题)在组织架构设计中,确保每个职责的执行都有相应的监督和问责措施,主要是为了提高(　　)。

A. 创新能力　　　　　　　　　B. 效率
C. 透明度和责任感　　　　　　D. 市场适应性

答案:C

解析:监督和问责原则通过明确责任链条和监督机制而提高透明度和责任感。

例题(2-8) (单项选择题)根据企业文化对决策过程的影响,民主和参与式文化倾向于使用的决策方式是(　　)

A. 集中决策　　　　　　　　　B. 分散决策
C. 中央集权　　　　　　　　　D. 专家决策

答案:B

解析:民主和参与式文化倾向于分散决策,鼓励员工参与决策过程。

例题(2-9) (多项选择题)下列措施中,有助于确保企业组织架构设计与企业战略目标对齐的有(　　　)。

A. 高层领导的积极参与　　　　B. 资源分配反映战略重点
C. 简化沟通渠道　　　　　　　D. 定期审查并调整架构

答案:ABD

解析:高层领导的积极参与、资源分配反映战略重点、定期审查并调整架构是确保组

织架构与企业战略目标对齐的关键措施。简化沟通渠道虽有助于提高效率,但并不是直接对齐战略目标的措施。

📋 例题 2-10 （多项选择题）在企业组织架构设计中,属于确定管理跨度和层级设置重要考虑因素的有（　　　　　）。

A. 市场覆盖范围　　　　　　　　B. 技术进步和自动化工具的使用

C. 员工职业发展路径　　　　　　D. 企业文化和价值观

答案：ABD

解析：市场覆盖范围、技术进步和自动化工具的使用、企业文化和价值观是确定管理跨度和层级设置的重要因素。员工职业发展路径虽然重要,但主要是职责和权力分配中的考虑因素。

任务三　企业组织架构运行

一、组织结构的有效性评估

评估企业的组织结构是否有效是企业能否适应不断变化的市场和业务环境的关键步骤。以下是评估组织结构有效性的内容、方法和工具。

（一）组织结构有效性评估的内容

（1）适应性评估。评估组织结构是否适应企业的规模、业务模式和战略目标,包括组织的层次、职能设置、工作流程等是否符合企业的发展阶段和战略定位。

（2）业务对接度评估。检查组织结构与业务之间的对接程度,组织结构是否促进了各部门之间的协作和信息共享,以及是否能够及时响应市场需求。

（3）人员效率评估。评估组织结构对人员效率的影响,组织结构是否明确了员工的职责和权限,是否存在重复劳动或职责不清晰的情况。

（4）沟通效率评估。分析组织结构对内部沟通的影响,组织结构是否支持有效的信息传递和决策流程,以及是否存在信息滞后或信息丢失的问题。

（二）组织结构有效性评估的方法和工具

（1）SWOT 分析。通过对组织的优势、劣势、机会和威胁进行分析,评估组织结构的优势和劣势以及适应外部环境变化的能力。例如,组织可能在人才优势方面有竞争优势,但在决策效率方面存在劣势。

（2）组织设计评估模型。利用专门设计的评估模型,如 Galbraith（加尔布雷斯）的五个设计维度：战略性、结构、过程、制度和技术,评估组织结构的有效性并提出改进建议。

（3）360°反馈。通过对员工、管理层和外部利益相关者的匿名调查,收集各方对组织结构的看法和建议。这种方法可以提供全面的反馈,帮助发现问题和改进点。

（4）案例研究。借鉴其他企业的组织结构实践,分析其成功和失败的经验教训。这有助于理解不同组织结构对业务绩效的影响,从而为自身组织结构的评估提供参考。

通过以上方法和工具的综合运用,企业可以全面评估其组织结构的有效性,发现问题并提出改进措施,以确保组织能够适应变化的市场和业务环境。

二、组织架构与业务流程的对应

组织架构与业务流程的有效对应是确保企业高效运作的关键。以下是关于如何确保组织架构与业务流程相匹配的方法。

（一）说明企业的组织架构如何与其业务流程相匹配，以实现高效运作

（1）结构的灵活性。企业的组织结构应该具有一定的灵活性，能够适应不同的业务需求。例如，可以采用扁平化结构，提高决策效率；或采用矩阵式结构，支持跨部门协作。

（2）职能与流程的对应。各部门和职能的设置应该与业务流程相匹配，确保每个职能部门都在适当的业务流程中扮演着关键角色。例如，销售部门应与市场营销、客户服务等流程相匹配。

（3）信息流的畅通。组织架构应促进信息流通畅，确保各部门之间能够及时共享信息和资源。这可以通过建立跨部门的沟通渠道和信息共享平台来实现。

（4）决策权和责任的分配。明确决策权和责任的分配，使得各部门和员工在业务流程中有清晰的角色和责任。这有助于提高决策效率和问题解决能力。

（二）强调适应性和灵活性，以应对市场变化和业务需求的不断变化

（1）定期评估和调整。企业应定期评估组织架构和业务流程的有效性，并根据市场变化和业务需求作出调整。这种定期的评估可以帮助企业保持灵活性和适应性。

（2）敏捷决策。建立敏捷的决策机制，使企业能够迅速应对市场变化和业务需求的变化。这包括降低决策的层级，加强信息的共享和沟通，以及鼓励员工参与决策。

（3）技术支持。利用信息技术和数字化工具，优化业务流程并提高组织架构的灵活性。例如，采用 ERP 系统可以实现业务流程的自动化和优化。

（4）跨部门协作。鼓励不同部门之间的密切合作，共同应对市场变化和业务需求的挑战。这有助于提高组织的整体协同效率。

通过强调适应性和灵活性，企业可以确保其组织架构与业务流程相匹配，从而实现高效运作并更好地适应不断变化的市场和业务环境。

三、权责清晰化与透明度

权责清晰化和透明度对于企业内部的有效运作至关重要。以下是如何确保权责清晰和提高透明度的方法。

（一）确保企业内部的权责清晰，以减少决策的混淆和延误

（1）定义角色和职责。明确每个部门和员工的角色和职责，确保每个人都清楚自己在组织中的定位和职责范围。

（2）制定清晰的工作流程。建立明确的工作流程和决策流程，确保各部门和员工在执行任务和作出决策时遵循一致的标准和程序。

（3）设立明确的目标和指标。为每个部门和员工设立明确的工作目标和绩效指标，以便评估工作成果和绩效表现。

（4）强化沟通渠道。建立有效的沟通渠道，让员工能够及时了解组织的战略目标、业务计划和重要决策，避免信息的不对称和传达的混乱。

（5）培训和教育。提供培训和教育，帮助员工了解自己的角色和职责，以及如何有效

地履行工作职责。

（二）强调透明度的重要性，确保每个员工都清楚各自职责范围和工作目标

（1）公开信息。及时公开重要信息，如公司战略、业绩目标、财务状况等，让员工了解组织的整体情况和发展方向。

（2）开放式沟通。鼓励开放式的沟通和讨论氛围，让员工能够自由表达意见和建议，增强团队的凝聚力和参与感。

（3）透明的绩效评估。公开透明的绩效评估标准和过程，让员工清楚自己的工作表现如何被评价，从而增强工作动力和目标达成的意识。

（4）定期反馈和考核。定期与员工进行沟通和反馈，让他们了解自己的工作表现和发展方向，同时提供必要的支持和指导。

（5）建立信任。建立基于信任的工作环境，让员工感到能够履行自己的职责，同时也愿意分享意见和想法。

通过确保权责清晰和提高透明度，企业可以减少决策的混淆和延误，同时增强员工的工作动力和参与度，推动组织的可持续发展和创新。

四、信息传递与沟通机制

在组织内部建立有效的信息传递和沟通机制至关重要。以下是探讨组织内信息传递的方式和渠道，以及确保沟通机制有效性的方法。

（一）探讨组织内信息传递的方式和渠道，以及沟通机制的建立与运作

组织内部的信息传递和沟通机制是确保有效协作和信息共享的关键。

首先，通过定期召开各级别的会议，包括全体员工会议、部门会议和项目会议，以分享信息、讨论问题和制定计划，促进组织内部的整体认识和协调。

其次，利用电子邮件、内部通信平台等工具发布重要信息、公告和更新，确保信息能够及时传达到所有员工，提高信息的覆盖范围和传递速度。此外，建立内部网站或门户，提供员工手册、政策文件、培训材料等资源，并设立交流论坛或博客以促进员工间的互动和知识分享，有助于员工了解组织的各项政策和资源。在团队层面，建立小组或团队内部的会议和讨论组，便于团队成员之间的沟通、协作和问题解决，促进团队的内部协调和项目的顺利进行。定期与员工进行一对一的会议，倾听他们的想法、意见和问题，并提供个性化的反馈和支持，有助于建立更紧密的员工关系和更有效的沟通渠道。

最后，建立跨部门的沟通渠道，如跨部门项目组或委员会，促进不同部门之间的信息共享和协作，有助于加强组织的整体协同效率。通过以上方式，组织内部能够建立起完善的信息传递和沟通机制，提高了工作效率和团队凝聚力，为组织的发展提供有力支撑。

（二）讨论如何确保信息的及时传递和沟通的有效性，避免信息滞后和误解

为了确保组织内部的信息传递和沟通顺畅有效，首先需要明确沟通责任，指定负责信息传递和沟通的负责人或团队，以确保信息的发送和接收及时到位。其次，建立定期更新的机制，例如每周或每月发布新闻简报或邮件，总结重要信息和事件，以确保员工及时了解组织动态。同时，营造开放式的沟通氛围，鼓励员工提出问题、建议和反馈，确保信息的双向流动。采用多种形式的沟通方式，如文字、图像、视频等，以适应不同员工的需求和偏

好,从而增加信息传递的覆盖面和便捷性。另外,建立回馈机制,确保发送方能够收到接收方的反馈和确认,避免信息被忽视或误解。最后,提供关于沟通技巧的培训和教育,帮助员工提高沟通效率和准确性,避免信息传递中的误解和混淆。通过以上方式,组织可以建立有效的信息传递和沟通机制,确保信息的及时传递和有效沟通,从而提高工作效率、减少错误和误解,促进组织的协作和发展。

五、决策机制与执行力

(一)分析企业内部的决策流程和机制

在分析企业内部的决策流程和机制时,首先需要了解决策的层级、流程和相关人员的职责。决策的层级通常根据企业的规模和结构而定,可能包括高级管理层、中级管理层和基层员工。在决策流程方面,一般包括问题识别、信息搜集、方案制定、评估选择和执行五个阶段。不同层级的决策者在这个过程中扮演不同的角色,高层管理者可能更多地参与战略性决策,中层管理者负责日常运营的战术性决策,而基层员工则可能更多地参与具体执行的操作性决策。在相关人员的职责方面,高层管理者负责制定整体战略方向和政策,中层管理者负责协调各部门之间的合作和资源调配,而基层员工则负责具体任务的执行和实施。这样的分工和流程旨在确保决策的科学性、高效性和可执行性,从而推动企业的发展和运营。

(二)强调决策的迅速性和灵活性,以及决策执行力的重要性

在企业内部,决策的迅速性和灵活性至关重要。迅速作出决策可以使企业更快地应对市场变化和竞争压力,抓住商机,同时避免错失时机。而灵活性则意味着企业能够根据不同情况和环境作出相应调整,灵活应对各种挑战和机遇。然而,决策的价值在于其执行,决策执行力的重要性不容忽视。即使制定了再完美的决策,如果没法有效地执行,也将难以产生实际效果。因此,决策的迅速性和灵活性需要与决策执行力相结合,形成有机的整体。良好的决策执行力意味着确保决策能够顺利实施,需要明确的责任分工、严格的执行计划和有效的监督机制。只有这样,企业才能在保持灵活应变的同时,保证决策的快速落地和有效执行,进而推动企业持续发展。

六、组织文化与价值观

(一)对组织架构运行的影响

组织文化和价值观对组织架构的运行有着深远的影响。首先,组织文化和价值观直接影响着员工的行为和态度,从而影响整个组织的运作。积极的组织文化和价值观能够培养员工的凝聚力和团队合作精神,使员工更加愿意为实现组织共同目标而努力。此外,组织文化和价值观也影响着组织的决策风格和运营模式。例如,以客户为中心的价值观可能会导致组织更加注重客户需求和服务质量,在组织架构设计和决策中更加灵活。为了营造积极的组织文化和价值观,首先需要明确和弘扬组织的核心价值观念,如诚信、责任、创新等。其次,需要建立正面的工作氛围和激励机制,鼓励员工展现出积极向上的工作态度和价值观。另外,领导者的示范作用也至关重要,他们应该以身作则,积极践行组织价值观,引领员工朝着共同的目标前进。同时,通过员工培训和教育,加强员工对组织文化和价值观的认同和理解,使其能够在工作中自觉地贯彻落实。

（二）对员工行为、团队协作和业绩的影响

组织的文化和价值观对员工行为、团队协作和业绩有着深远的影响。首先，文化和价值观塑造了员工的行为准则和态度。积极的文化和价值观会激励员工展现出高度的责任感和主动性，使其在工作中更加积极进取、勇于承担责任。其次，文化和价值观对团队协作具有重要影响。一个以团队合作为核心的文化能够促进员工之间的沟通和信任，减少内部竞争，提升团队凝聚力，从而使团队更加高效地协同工作，共同实现目标。最重要的是，文化和价值观会对业绩产生直接影响。正向的文化和价值观能激发员工的工作热情和创造力，提高员工的工作满意度和忠诚度，从而促进员工的持续成长和绩效提升，最终推动整体业绩的提升。因此，建立积极的组织文化和价值观至关重要。通过塑造积极的文化氛围，激励员工的积极行为和团队协作，组织能够提升业绩水平，增强竞争力，实现长期可持续发展。

七、人才管理与发展

（一）通过组织架构来支持人才管理和发展

人才管理与发展在组织架构中扮演着至关重要的角色。首先，在招聘方面，组织架构应该根据企业的业务需求和发展战略设计相应的岗位结构，明确每个岗位的职责和要求。通过合理的组织架构，能够更好地吸引和选拔与岗位要求匹配的人才，确保人才的有效利用。其次，在培训方面，组织架构应该支持培训体系的建立和实施。不同部门和岗位的员工有不同的培训需求，因此组织架构应该能够提供多样化的培训机会和资源，以满足员工的个性化发展需求。通过有针对性的培训，员工能够不断提升自身的技能和素质，增强组织的核心竞争力。最后，在绩效评价方面，组织架构应该建立起科学合理的绩效评价体系。清晰的组织架构能够帮助确定员工的工作目标和职责范围，便于对员工的绩效进行评价和反馈。通过绩效评价，可以发现员工的优势和不足，为员工的个人发展提供指导和支持，同时也为组织人才的梯队建设提供依据。因此，一个良好的组织架构应当能够全面支持人才的管理和发展，以确保人才的高效使用和持续发展，从而推动组织的进步和成长。

（二）通过组织架构来激励和留住优秀人才

人才是组织发展的核心动力，因此如何激励和留住优秀人才成为组织架构设计的重要考量。首先，组织架构应当体现对人才的重视，将人才管理置于战略高度。在组织结构设计中，应该为人才提供明确的晋升通道和发展机会，让优秀人才看到自己在组织中的未来发展空间。其次，组织架构应该注重激励机制的建立，包括薪酬激励、福利待遇、职业发展机会等。通过合理的薪酬制度和激励机制，可以激发员工的工作积极性和创造力，提高员工的工作满意度和忠诚度。此外，组织架构也应该注重员工的工作环境和文化氛围的营造。一个积极向上、充满活力的工作环境能够吸引和留住优秀人才，让他们愿意长期为组织奋斗。最后，组织架构还应该注重员工的个性化发展需求。不同的人才有不同的价值观和职业目标，因此组织架构应该提供多样化的发展路径和选择，满足员工个性化的职业发展需求。通过以上措施，组织可以激励和留住优秀人才，保持竞争力和持续发展。因此，在设计组织架构时，应该将人才视为最宝贵的资产，从而实现人才的有效管理和利用。

八、变革管理与适应性

(一)企业内部变革对组织架构的影响

企业内部的变革对组织架构有着深远的影响。首先,变革可能需要调整组织的结构和流程,以适应新的战略目标或市场需求。例如,如果企业决定转型为数字化企业,可能需要重新设计组织结构,增加数字化部门或岗位。其次,变革会影响员工的角色和责任,可能需要重新分配工作任务或重新定义岗位职责。这可能导致员工的不适应和抵触情绪,因此,需要通过培训和沟通等方式帮助员工适应变革。最重要的是,变革管理需要调整组织文化和价值观,以促进变革的顺利进行。组织需要建立一种积极的变革文化,鼓励员工勇于尝试和创新,乐观面对变化带来的挑战。此外,变革管理也需要适应外部和内部环境的变化。外部环境的变化包括市场竞争、技术发展和法律法规等方面的变化,而内部环境的变化包括组织内部结构、文化和人员等方面的变化。因此,变革管理需要及时调整策略,灵活应对各种变化,以确保组织能够适应变化的环境并保持竞争力。因此,企业内部的变革对组织架构有着重大影响,需要通过合理的变革管理来适应外部和内部环境的变化,以实现组织的可持续发展和竞争优势。

(二)组织架构的灵活性和适应性

组织架构的灵活性和适应性是应对市场竞争和技术发展变化的关键。首先,灵活的组织架构能够快速响应市场需求的变化。通过简化决策层级、减少冗余部门,组织能够更快地调整资源配置和业务流程,满足市场对产品和服务的快速变化需求。其次,适应性强的组织架构能够更好地应对技术发展带来的挑战和机遇。通过建立多元化的团队和灵活的工作流程,组织可以更快地吸收新技术,提升产品和服务的创新能力,保持竞争优势。此外,灵活的组织架构也能够带来更高的员工满意度和忠诚度。员工在一个灵活的组织中更容易找到适合自己发展的机会,同时也更愿意为组织的目标和发展贡献力量。最重要的是,灵活的组织架构能够提高组织的应变能力和抗风险能力。在快速变化的市场环境中,组织需要不断调整战略和运营,灵活的组织架构可以帮助组织更好地适应外部环境的变化,降低市场风险,保持持续稳定的发展。因此,建立灵活和适应性强的组织架构对于应对市场竞争和技术发展变化至关重要,是组织成功的关键所在。

九、监督与反馈机制

监督与反馈机制在组织架构中扮演着至关重要的角色。首先,监督机制是确保组织运行合规性和有效性的关键。通过内部控制和审核,组织可以监督各项业务活动,确保遵守法律法规和内部政策,防范风险和不当行为。例如,内部审计部门可以定期对各项业务进行审计,发现问题并提出改进建议,以确保组织的运营符合规范。其次,反馈机制是确保组织持续改进和优化的关键。通过定期评估和反馈,组织可以了解自身的运行情况和存在的问题,及时采取措施进行调整和改进。例如,定期的员工绩效评价可以为员工提供反馈,帮助他们了解自己的表现和发展方向,同时也为组织提供了解员工工作状态和需求的重要途径。在组织架构中,应该建立健全监督和反馈机制,确保其能够有效运作。这包括明确监督和反馈的责任部门和人员、建立清晰的流程和标准、配备相应的资源和技术支持等。通过这些措施,组织可以及时发现和解决问题,持续改进和提升运营效率和质量。

因此,监督与反馈机制在组织架构中扮演着不可或缺的角色,是确保组织健康发展和持续成功的重要保障。

例题 2-11 (单项选择题)下列评估方法中,最适合用于分析企业组织结构的优势、劣势、机会和威胁的是(   )。

A. 360°反馈　　　　　　　　　B. 案例研究

C. SWOT 分析　　　　　　　　D. 组织设计评估模型

答案:C

解析:SWOT 分析是一种常用的方法,用于评估组织的优势、劣势、机会和威胁。通过这种方法,企业可以全面了解其组织结构的现状和面临的外部环境,从而制定相应的改进措施。

例题 2-12 (单项选择题)为了确保企业内部权责清晰,减少决策的混淆和延误,以下措施最为重要的是(   )。

A. 建立跨部门沟通渠道　　　　B. 公开公司财务状况

C. 明确每个部门和员工的角色和职责　　D. 提供沟通技巧培训

答案:C

解析:明确每个部门和员工的角色和职责是确保权责清晰的关键步骤。这可以帮助员工了解自己的职责范围和工作目标,减少因职责不清而导致的决策混淆和延误。

例题 2-13 (多项选择题)下列方法中,可以用来评估企业组织结构有效性的有(   )。

A. 业务对接度评估　　　　　　B. SWOT 分析

C. 组织设计评估模型　　　　　D. 360°反馈

答案:ABCD

解析:以上所有选项均为评估企业组织结构有效性的方法。其中,业务对接度评估、SWOT 分析、组织设计评估模型和 360°反馈各有侧重,通过不同的维度和方法全面评估组织结构的有效性。

例题 2-14 (多项选择题)为了确保组织架构与业务流程相匹配,实现高效运作,以下措施可行的有(   )。

A. 采用扁平式结构以提高决策效率

B. 建立跨部门的沟通渠道和信息共享平台

C. 提供多样化的发展路径和选择

D. 定期与员工进行一对一的会议

答案:ABD

解析:采用扁平式结构可以提高决策效率,建立跨部门的沟通渠道和信息共享平台有助于信息流通,定期与员工进行一对一的会议可以加强沟通和反馈。这些措施都有助于确保组织架构与业务流程相匹配,实现高效运作。提供多样化的发展路径和选择虽然重要,但主要涉及人才管理和发展,而非直接针对组织架构与业务流程的匹配问题。

强化练习

一、单项选择题

1. 企业组织架构的核心要素是( )。
   - A. 组织文化
   - B. 组织结构
   - C. 组织流程
   - D. 组织战略

2. ( )组织架构有助于提高企业的创新能力。
   - A. 直线制
   - B. 职能制
   - C. 矩阵制
   - D. 事业部制

3. 以下组织架构中,最有可能导致企业出现"部门墙"现象的是( )。
   - A. 职能制组织架构
   - B. 事业部制组织架构
   - C. 矩阵制组织架构
   - D. 网络式组织架构

4. 企业在组织变革中,( )阶段是确定变革愿景和战略的。
   - A. 准备阶段
   - B. 实施阶段
   - C. 稳定阶段
   - D. 评估阶段

5. ( )组织架构适用于大型跨国公司,以便应对不同市场的需求。
   - A. 直线制
   - B. 职能制
   - C. 矩阵制
   - D. 事业部制

二、多项选择题

1. 关于企业组织架构的设计,以下因素中需要考虑的有( )。
   - A. 企业战略
   - B. 企业文化
   - C. 市场环境
   - D. 技术水平

2. 以下属于矩阵制组织架构优点的有( )。
   - A. 提高资源利用效率
   - B. 增强灵活性和应变能力
   - C. 有助于创新和知识共享
   - D. 减少管理成本

3. 在企业进行组织变革时,( )方法有助于推动变革的成功。
   - A. 高层领导的支持
   - B. 全员参与
   - C. 合理的激励机制
   - D. 及时的反馈和调整

4. 以下因素中,可能影响企业组织架构选择的有( )。
   - A. 企业规模
   - B. 企业文化
   - C. 业务复杂性
   - D. 外部市场变化

5. 关于企业组织架构变革的风险管理,以下措施有效的有( )。
   - A. 进行全面的风险评估
   - B. 制定详细的应急预案
   - C. 持续地监控和评估
   - D. 建立高效的沟通机制

三、分析题

某大型制造企业面临市场环境的剧变和技术的快速发展,现有的职能制组织架构已经不能满足企业快速响应市场的需求和内部高效协同的要求。为应对这一挑战,企业决定进行组织架构变革,过渡到矩阵制组织架构。

请回答以下问题:

(1) 变革的动因是什么?

(2) 矩阵制组织架构的主要特征是什么?

(3) 企业在实施组织架构变革过程中可能会遇到哪些挑战? 针对这些挑战,企业应该采取哪些具体措施来保障变革的成功?

素养园地

————企业组织架构及其内部监督————

一、公司简介

X 科技有限公司是一家成立于 2005 年的高科技企业,专注于人工智能和大数据领域的产品研发与服务。公司总部位于北京,在上海、深圳和成都设有分公司。公司员工总数超过 1 000 人,其中研发人员占比达 60%。X 科技有限公司以技术创新为核心竞争力,致力于为客户提供智能化的解决方案,推动各行业的数字化转型。

二、公司组织架构设计

X 科技有限公司采用矩阵型组织架构,这种架构结合了职能型和项目型组织架构的优点。公司总部设有职能部门,包括研发部、市场部、销售部、财务部和人力资源部;同时,公司按产品线和项目设立项目组,项目组横跨各职能部门,由项目经理负责协调和管理。

(1) 职能部门。

① 研发部:负责新产品的开发和现有产品的改进。

② 市场部:负责市场调研、品牌推广和营销策略制定。

③ 销售部:负责产品的销售和客户关系管理。

④ 财务部:负责公司财务管理、预算编制和财务报表。

⑤ 人力资源部:负责招聘、培训和员工绩效管理。

(2) 项目组。

① 产品 A 项目组:专注于公司旗舰产品 A 的开发和推广。

② 产品 B 项目组:负责产品 B 的市场开拓和客户支持。

③ 创新项目组:探索和开发新兴技术和产品原型。

三、架构设计考虑的因素

(1) 业务需求。X 科技有限公司的业务涉及多个领域,产品线丰富,需要一个灵活的组织架构以便快速响应市场变化和客户需求。矩阵型架构能够在维持职能部门专业化管理的同时,增强项目组的灵活性和协调性。

(2) 技术创新。作为一家高科技公司,技术创新是 X 科技有限公司的核心竞争力。矩阵型组织架构支持跨部门的协作和资源共享,有助于激发创新思维,提高研发效率。

(3) 员工发展。公司重视员工的职业发展和多元化技能培养。矩阵型架构提供了员工在不同项目组和职能部门之间流动的机会,有利于员工全面发展和公司人才储备。

(4) 监督和控制。有效的监督和控制是确保公司各项工作顺利进行的重要保障。

矩阵型架构下,各职能部门对口负责专业领域的监督和控制,项目经理负责项目的整体协调和进度管理,双重监督机制提高了工作透明度和责任明确性。

(5)沟通与协作。矩阵型组织架构强调跨部门的沟通与协作,避免信息孤岛和资源浪费。通过定期的项目会议和跨部门沟通机制,确保各部门和项目组之间的信息畅通和协同工作。

四、监督作用

在 X 科技有限公司的矩阵型组织架构下,监督作用体现在以下几个方面:

(1)职能部门监督:各职能部门对其专业领域内的工作进行监督和管理。例如,财务部负责监督公司的财务状况和预算执行,确保财务健康和资金合理使用。

(2)项目经理监督:项目经理对项目的进度、质量和成本进行全面监督,确保项目按计划进行并达到预期目标。项目经理定期向高层管理汇报项目进展和存在的问题。

(3)跨部门监督:公司设有跨部门监督委员会,定期审查和评估各项目组的工作情况,提出改进建议和措施,确保公司整体目标的一致性和各部门协同工作的有效性。

(4)内部审计:公司设有独立的内部审计部门,对公司的财务状况、运营流程和内部控制进行定期审计,发现和纠正潜在的问题和风险,提高公司治理水平。

通过上述多层次的监督机制,X 科技有限公司能够有效监控和管理各项工作,确保公司健康、可持续发展。

X 科技有限公司通过科学设计矩阵型组织架构,结合职能部门和项目组的优势,实现了高效的资源配置和灵活的业务响应能力。考虑到业务需求、技术创新、员工发展、监督控制以及沟通协作等因素,公司在组织架构设计中注重多方平衡和优化。多层次的监督机制确保了公司各项工作的透明度和责任明确性,为公司的长远发展提供了坚实保障。

项目三　货币资金业务内部控制

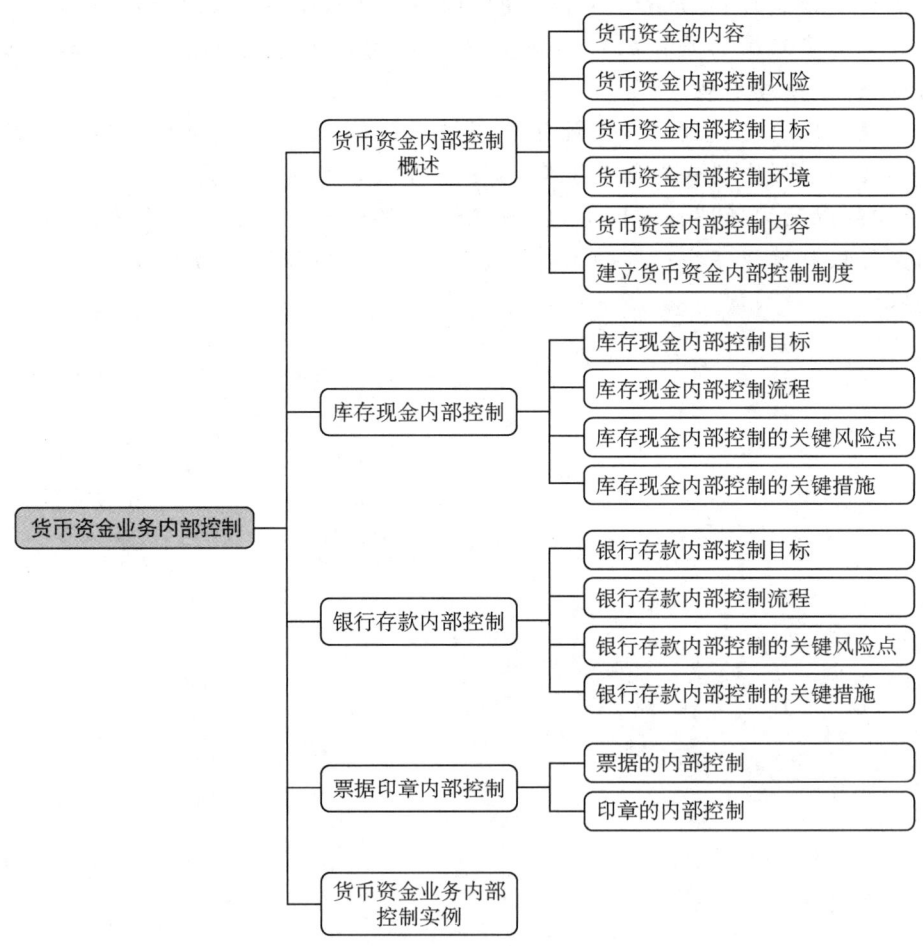

学习目标

知识目标

(1) 理解货币资金内部控制的内涵。
(2) 熟悉库存现金内部控制的关键风险点。
(3) 熟悉银行存款内部控制的关键风险点。
(4) 熟悉票据印章内部控制的关键风险点。

能力目标

(1) 掌握库存现金内部控制的关键措施。
(2) 掌握银行存款内部控制的关键措施。
(3) 掌握票据印章内部控制的关键措施。

素养目标

(1) 培养廉洁自律的品性。
(2) 培养严谨的逻辑思维。

案例导入

公司出纳贪污公款案

小丽是某单位出纳,负责现金、银行存款的收付,并掌握空白支票和企业在银行预留的法人代表印章,自己从银行领取银行对账单并负责与银行对账。男友买车需要钱,小丽壮着胆子偷开了一张7 000多元的支票给男友。小丽提心吊胆,担心被发现。月末取回银行对账单后,小丽把对账单中偷开款项的记录去掉,并填制了银行存款余额调节表。小丽在忐忑不安中度过了一个月,可什么事也没发生。此后,男友变本加厉,胃口越来越大,小丽胆子也越来越大。在不到1年的时间里,先后8次用同样的手段挪用公款近120万元。谁知小丽男友不久后彻底拉黑了小丽,并消失得无影无踪。小丽如梦方醒,自知严重违法,难逃罪责,不得不向公安机关投案自首。

小丽所处的公司属于一般的中小型生产销售型企业。从这个案例中可以看出,小丽所在的单位缺乏健全的货币资金内部控制制度,存在以下几个问题:

(1) 无有效的控制程序、无上级审批就可提款。出纳人员可以擅自签发支票套购物品,不留存根,不记账,将公款及实物据为己有。企业与银行的对账制度要求出纳人员应与负责现金的清查盘点人员和负责与银行对账的人员相分离。案例中小丽自己从银行领取银行对账单并负责与银行对账,这是不合理的。

(2) 无明确的岗位责任会计、出纳岗位职责划分不清,缺乏监督和牵制机制。"相关岗位责任制度"是"职务分离制度"的前提。本案例中小丽既掌管单位空白支票又掌管法人代表章和财务章,说明该单位缺乏对人员的监督和牵制。

(3) 缺少稽核制度。月末无货币资金的清查盘点制度,导致小丽挪用公款,涂改银行

对账单等违法事实没有被及时发现、制止。该单位的稽核制度非常不完善,甚至可以说根本没有进行稽核工作。

(4)职务未分离。本案例中出纳除了办理涉及现金、银行存款收付的本职业务外,同时还负责保管银行存款全套印鉴、核对银行对账单等会计业务,一人身兼数职,混岗和职能的交叉引起货币资金的挪用和侵吞。

思考:

该公司为何出现贪污公款的情况,应如何进行内部控制?

📖 知识准备

任务一　货币资金内部控制概述

微课:货币
资金内部控
制的含义

一、货币资金的内容

货币资金是企业资产的重要组成部分,包括现金、银行存款及其他货币资金。其中,企业库存现金包括库存人民币和各种外币;银行存款是指企业存入银行和其他金融机构的各种存款;其他货币资金包括外币存款、银行汇票存款、银行本票存款、信用卡存款、信用证保证金、存出投资款等。

任何企业要进行生产经营活动都必须拥有货币资金,持有货币资金是进行生产经营活动的基本条件,是企业生存和发展的基础。

二、货币资金内部控制风险

货币资金是企业资产中流动性最强、控制风险最高的一种资产,但会计核算并不复杂,因此,在组织会计核算过程中,加强货币资金的管理和控制是至关重要的。在此过程中,出现的控制风险主要有以下几种:

(1)资金管理违反国家法律法规,可能遭受外部处罚、经济损失和信誉损失。

(2)资金管理未经适当审批或超越授权审批,可能因重大差错、舞弊、欺诈而导致损失。

(3)银行账户的开立、审批、使用、核对和清理不符合国家有关法律法规要求,可能导致受到处罚而造成资金损失。

(4)资金记录不准确、不完整,可能造成账实不符或导致财务报表信息失真。

(5)有关票据的遗失、变造、伪造、被盗用以及非法使用印章,可能导致资产损失、法律诉讼或信用损失。

三、货币资金内部控制目标

货币资金内部控制目标是企业管理当局建立健全内部控制的根本出发点。货币资金内部控制目标有四个:

(1)货币资金的安全性。通过良好的内部控制,确保企业库存现金安全,预防被盗窃、诈骗和挪用。

(2)货币资金的完整性。即检查企业收到的货币是否已全部入账,预防私设"小金库"

等侵占企业收入的违法行为出现。

（3）货币资金的合法性。检查货币资金取得、使用是否符合国家财经法规，手续是否齐备。

（4）货币资金的效益性。即合理调度货币资金，使其发挥最大的效益。

四、货币资金内部控制环境

所谓货币资金内部控制环境，是对企业货币资金内部控制的建立和实施有重大影响的因素的统称。控制环境的好坏直接决定着企业内部控制能否实施及实施的效果好坏，影响着特定控制的有效性。

货币资金内部控制环境主要包括以下因素：

（一）管理决策者

管理决策者是货币资金内部控制环境中的决定性因素，特点是在推行企业领导人个人负责制的情况下，管理决策者的领导风格、管理方式、知识水平、法治意识、道德观念都直接影响货币资金内部控制执行的结果。因此，管理决策者本人应加强自身的约束，同时，通过民主集中制、党政联席会议制度加强对其的监督。

（二）员工的职业道德和业务素质

在内部控制的每个环节中，各岗位都处于相互牵制和制约之中，任何一个岗位工作的疏忽大意，均可能导致某项控制失灵。

（三）内部审计

内部审计是企业自我评价的一种活动。内部审计可协助管理当局监督控制措施和程序的有效性，能及时发现内部控制的漏洞和薄弱环节。内部审计力度的强弱同样影响货币资金内部控制的效果。

影响货币资金内部控制的环境因素还有很多，如组织结构、管理控制方法、授权和分配责任的方法等。要加强企业内部控制，就必须改善其控制环境。

五、货币资金内部控制内容

（一）货币资金完整性控制

货币资金完整性控制的范围包括各种收入及欠款回收，具体是指单位特别会计期间发生的货币资金收支业务是否均已按规定记入有关账户。通过检查销售、采购业务或应收账款、应付账款的收回和归还情况，或余额截止日后入账的收入和支出，查找未入账的货币资金。其控制方法一般有以下几种：发票收据控制、银行对账单控制、物料平衡控制、业务量控制、往来账核对控制。

（二）货币资金安全性控制

货币资金安全性控制的范围包括库存现金、银行存款、其他货币资金。由于应收票据、应付票据的变现能力较强，故也将其纳入货币资金控制范围内。货币资金安全性控制方法一般有账实盘点控制、库存限额控制、实物隔离控制、岗位分离控制等。

（三）货币资金合法性控制

货币资金合法性控制针对的是货币资金的收入与支付。合法性控制一般都采用加大监督检查力度的方法。如对于业务量少、单笔金额小的单位，记账凭证可由一人复核；对于业务量大，单笔金额大的单位，记账凭证应由两个人复核，即增设复核会计，科长再复

核。又如,通过加大内部审计监督力度还可以发现一些不合法的货币资金收付;通过公布举报电话、网站,从公众中取得不合法收、付的线索。另外,可以对货币资金的支付实行严格的授权审批制度,重点控制大笔金额支付。合法性控制风险一般较大,通常涉及企业决策管理者本人,因此国家会利用政府机关、社会力量对企业进行审计、监督和检查。

(四)货币资金效益性控制

货币资金效益性控制是服从企业财富最大化的财务管理目标,通过运用各种筹资、投资手段,合理高效地持有和使用货币资金的控制方法。企业可制定货币资金收支中长期计划,在合理预测一定时期货币资金存量的情况下,通过实施一些推迟货币资金支付的采购政策和加速货币回笼的销售政策,还可以通过收回投资等方法,解决货币支出的缺口,但同时应权衡采取以上措施所付出的代价、成本或机会成本,选择一项最优的解决方案。企业可以通过加快货币资金支付的采购政策(可降低采购成本)、一定的赊销政策(可提高售价或扩大销售量)或参与各种投资,以降低货币资金储量,但同时权衡以上各种措施的政策收益,以及考虑今后货币资金效益性控制是否服从企业财富最大化的财务管理目标,通过运用各种筹资、投资手段,合理、高效地持有和使用货币资金控制方法。企业可制定中、长期货币资金方案,选择最优方案,最大限度地发挥其经济效益。要实现以上目的,要求企业在进行筹资、投资决策时,对各种方案进行综合分析,并要求参与分析、决策的人员不得少于三人。

六、建立货币资金内部控制制度

(一)实行岗位分工

单位应当配备合格的会计人员办理货币资金业务,办理货币资金业务的人员应当具备良好的职业品质,忠于职守、廉洁奉公、遵纪守法、客观公正。单位应当建立货币资金业务的岗位责任制,明确相关部门和岗位的职责权限,确保办理货币资金收、支业务的不相容岗位分离、相互制约和监督。出纳人员不得兼任稽核、会计档案保管和收入、支出、费用、债权、债务账目的登记工作。严禁由一人办理货币资金业务的全过程。出纳人员对不符合规定和手续的收支业务有权拒绝办理。对涉及货币资金管理和控制业务的业务人员实行定期轮换岗位,以相互牵制、相互监督。

(二)坚持预算控制

编制资金预算控制的目的是对企业一定时期货币资金的流入和流出进行统筹安排。资金预算编制是否准确直接影响企业货币资金流转是否畅通,影响货币资金的利用效益,乃至企业的生产经营。因此,要加强货币资金预算的可靠性控制,避免或减少预算编制的主观性和随意性。

货币资金预算编制和货币资金业务核算应分开进行,以便更有力地控制货币资金业务。货币资金预算编制后,财务总监应认真监督预算的执行,对经营过程中实际现金收支的结果应定期与预算进行比较分析。如果出现重大差异,可采取必要的措施来调查实际的收支结果。例如,某公司每月月初编制资金预算,通过每周作资金周报来分析差异,又通过每日作资金日报来监督资金状况。

(三)坚持授权批准

单位应当对货币资金业务建立严格的授权批准制度,明确审批人对货币资金业务的授权批准方式、权限、程序、责任和相关控制措施,规定经办人员办理货币资金业务的职责范围和工作要求。货币资金的收入实行科目负责制,由会计人员逐笔审核、签收、登记、制单,无误后交出纳人员办理现金、银行收款手续,退票时出纳人员应及时通知有关会计人员冲账,将票证退还缴款单位。月末会计人员应与有关收款部门核对收款情况,发现问题及时处理。货币资金支出实行授权批准制度,由业务部门经办人员填制付款凭证,业务部门主管审批,本单位主管财务的副总经理或总会计师审批,财务部长审批,科目负责人审核,出纳人员从本单位的开户外部银行账户中办理银行付款。审核人、经办人应在授权范围内进行审批经办,对于超越审批权限的,有权拒绝办理。

(四)内部银行运行控制

内部银行是将社会银行的基本职能与管理方式引入企业内部管理机制而建立起来的一种内部资金管理机构,主要是进行企业内部日常往来结算和资金调拨、运筹,已被证明是实现货币资金内部控制目标的有效手段。但是这种制度在企业的实践发展还不充分,一些企业只是停留于内部资金调度的功能,对控制企业内部资金流量、流向、流程的功能并没有应有的重视。如果内部银行对集中起来的资金使用缺少有效的控制,就可能导致重大投资的失误。

(五)票据及有关印章的管理

单位应当加强与货币资金相关的票据保管,由银行出纳人员负责各种票据的购买、保管、领用、背书转让、注销等环节的工作,并专设登记簿进行记录,防止空白票据遗失或被盗用。同时,单位也要加强预留印鉴的管理,财务专用章应由专人保管,个人名章必须由本人或其授权人员保管。严禁一人保管支付款项所需的全部印章。按规定需要有关负责人签字或盖章的经济业务,必须严格履行签字或盖章手续。

(六)实行内部稽核

各单位应建立内部稽核制度,对监督检查过程中发现的问题应积极采取有效措施,纠正和完善货币资金业务的内部稽核制度,明确相关机构或人员的工作职责,定期或不定期地进行检查。监督检查相关岗位和人员的设置情况,看是否存在不相容职务混岗的现象;监督检查授权批准制度的执行情况,看是否存在越权审批行为;监督检查印章的保管情况,看是否存在全部印章由一人保管的现象;监督检查票据的保管情况,看是否存在票据管理漏洞。

(七)加强货币资金的安全保卫

出纳地点要严格按照保卫部门的要求配备必要的保安监控系统,门窗加固,作为单位保卫部门的重点监控部位。出纳地点与外部办事人员间要设置安全护栏。出纳人员不得擅自离岗,出纳人员离开时必须将现金、有关票据存入保险柜。保险柜的密码、网上银行操作所需网卡及密码要由使用人保管,不得任意移交他人,如需移交他人要有书面记录,并及时更改密码。

例题(3-1)(单项选择题)下列各项中,不属于货币资金内部控制范畴的是(　　)。

A. 现金　　　B. 银行存款　　　C. 票据　　　D. 采购

答案:D

解析:企业货币资金包括库存现金、银行存款和其他货币资金。

例题 3-2 (单项选择题)涉及货币资金内部控制的业务人员定期轮换岗位,属于( )控制行为。

A. 会计记录控制 　　　　　　　　B. 资产保护控制

C. 内部稽核 　　　　　　　　　　D. 定期轮岗

答案:D

例题 3-3 (多项选择题)出纳人员不得兼任( )。

A. 会计档案保管 　　　　　　　　B. 收入、支出、费用账目登记

C. 债权、债务账目登记 　　　　　D. 稽核

答案:ABCD

例题 3-4 (判断题)财务专用章应由专人保管,个人名章必须由本人或其授权人员保管。

( )

答案:√

任务二 库存现金内部控制

一、库存现金内部控制目标

(一)保证现金收支的合法合理性

企业应该根据现金管理规定,按照有关现金收支业务,严格审核业务内容,正确计算现金数额,如数收付现金,避免错收错支及违法乱纪行为的发生。

(二)保证库存现金的安全完整

企业应该严格保管现金,安全放置现金,超过限额部分应及时送存银行,防止现金遭受抢劫、盗窃,以及被贪污、挪用等,保证货币资金安全完整。

(三)保证现金结算及时适当

企业应该合理安排现金收支时间,适当选择现金收支方式,提高资金使用效率,避免提前或逾期付款而占用资金和影响业务进行。

(四)保证现金收支核算记录的及时可靠

企业应该及时完成现金收支业务的核算和记录工作,并保证业务的发生是真实可靠、客观存在的。

二、库存现金内部控制流程

库存现金内部控制的相关流程如下:

(1)规定授予权限。部门或业务部门指派业务人员办理有关现金结算的经济业务,对于大宗或特殊的现金收支业务,主管部门负责人应专门审批。

(2)及时填制或取得原始凭证,并由相关人员签字或盖章,作为收付现金的书面证明。

(3)审核原始凭证。会计部门收到有关现金收支业务原始凭证后,由会计主管人员进

行审核,对于不符合规定的凭证,可拒不受理或补办手续。

(4)编制记账凭证。分管会计根据审核后的凭证,填制收款凭证或付款凭证。签章后通知办理现金收支事项。

(5)收付现金。出纳人员复核收付记账凭证及原始凭证,按凭证开列的金额收付现金。

(6)复核记账凭证。稽核人员或指定人员审查收款凭证及付款凭证。审核合格后,签章传递。

(7)登记账簿。出纳人员根据复核的收、付款凭证,登记库存现金日记账;分管会计人员根据审签合格的收、付款凭证,登记相关明细账。

(8)盘点现金。出纳人员每日营业结束后,结出库存现金日记账的收支和余额,清点库存现金,互相核对。

(9)送存银行。对于超过库存现金限额的现金,由出纳登记,并及时送存银行。

(10)清查库存。定期由清查小组盘点库存现金,并与库存现金日记账余额进行核对。

三、库存现金内部控制的关键风险点

(一)涂改凭证金额

会计人员使用退字灵、修正液等化学药剂,乘机更改发票或收据上的金额,贪污相应款项。对此,会计主管或审核人员应认真审查原始凭证中的数量、单价、金额是否有疑点,有无改动痕迹。

微课:现金
控制

(二)票据头尾不一

对于一式多联的票据,在出票时往往需要套写,若利用假复写的方法,会使票据联和存根联金额不一致,造成收多报少或支少报多。为防范此类行为,企业应将填制收付款原始凭证职责与收付款职责严格分开。

(三)撕毁票据,盗用凭证

会计人员或出纳人员对收入现金的票据,乘机撕毁,从而将票款私吞;或用盗取的发票、收据等向客户开票,隐匿现金。究其原因是企业未能有效地控制票据的数量和编号,对于收入款项的监督不力。

(四)虚开发票

会计人员利用职务上的便利条件,与外部人员串通,在购物时虚开发票,或在做账时虚列工资、奖金等,从而将多支的现金据为己有。这往往是由于有关经济业务事项的办理由一人负责全过程,未能做到薪金支付单等由企业人事部门编制和审核,而会计稽核人员也未能真正发挥作用。

(五)错记金额,贪污现金

出纳人员在登记现金日记账时故意记错业务发生金额或将其合计数加错,表现为少计收入,或多计支出。出纳人员除登记日记账外,还兼登记明细账和总账,这往往是导致贪污行为出现的一个重要原因。

四、库存现金内部控制的关键措施

(1)授权批准。业务的经办人员办理现金收支业务,须得到上级领导的授权。业务员须在反映经济业务的原始凭证上签章,并由经办部门负责人审核原始凭证。

（2）审核。会计主管审查现金收支原始凭证，主要审核原始凭证是否反映现金收支业务以保证出纳人员支付现金正确、合法。

（3）收付。出纳人员复核现金收支记账凭证，按照凭证所列数额，收付现金，并在凭证上加盖"收讫"或"付讫"章。

（4）复核。稽核员复核现金收支记账及附原始凭证，并签字盖章。

（5）分工记账。出纳员根据现金收、付款记账凭证登记库存现金日记账；分管会计人员根据收付凭证登记现金对应科目相关明细账。总账会计登记总分类账。

（6）清点。出纳员每日清点库存现金，并与日记账余额进行核对，保持账实相符。

（7）清查。由财务部门主管、审计人员和稽核人员组成清查小组，定期清查库存现金，核对库存现金日记账。

例题 3-5 （单项选择题）企业应该根据（　　　　），结合本企业情况，确定本企业的现金收支范围和现金收支限额。

A.《现金管理暂行条例》　　　　B.《支付结算办法》

C.《企业内部控制基本规范》　　D.《企业会计制度》

答案： A

例题 3-6 （判断题）货币资金是企业控制风险最高的资产。　　　　　　（　　　）

答案： √

例题 3-7 （案例分析题）王某在公司担任出纳的 8 年期间贪污公司 200 余万元。A 事务所在对该公司的货币资金项目进行审计时发现，对于未达账项，该公司系由出纳王某编制未达账项调整表。请问：该公司出现这样的问题，主要原因是什么？

解析：

（1）王某同时担任出纳及未达账项调整的工作，属于不相容岗位，导致风险加大。

（2）王某连续担任出纳多年，没有及时轮岗，增加了舞弊的机会。

任务三　银行存款内部控制

一、银行存款内部控制目标

（一）保证银行存款收付的合法性

企业应该根据银行存款管理规定，按照有关银行存款收支业务，严格审核业务内容，正确计算银行存款数额，如数收、付银行存款，避免错收错支及违法乱纪问题的发生。

（二）保证银行存款结算及时适当

企业应该合理安排银行存款收支时间，适当选择银行存款收支方式，提高资金使用效率，避免提前或逾期付款而占用资金和影响业务进度。

（三）保证银行存款核算记录的真实可靠

企业应该及时完成银行存款收支业务的核算记录工作，并保证这些业务的发生是真实可靠、客观存在的。

二、银行存款内部控制流程

银行存款内部控制的相关流程如下：

（1）授权经办业务。业务部门负责人根据业务情况，授权业务人员办理涉及银行存款收支的经济业务或收付往来账款事项。

（2）签订结算合同或协议。经办人员办理经营业务，应同对方商定首付款结算方式、结算时间等，以合同或协议方式加以明确。

（3）填制或取得原始凭证。业务经办人员按照财务会计制度规定填制或取得凭证，作为办理银行存款收付业务的书面凭证。

（4）审核原始凭证。会计主管或指定人员审核原始凭证及其经济业务。

（5）填制或取得结算凭证并办理结算业务。出纳根据已审核的原始凭证，按照会计规定手续和结算方式，填制或取得银行存款结算凭证。

（6）审核结算凭证。会计主管人员或指定人员审核结算凭证并与原始凭证进行核对。

（7）编制记账凭证。会计人员根据审签的结算凭证及原始凭证编制银行存款收付记账凭证。

（8）复核记账凭证。稽核员或指定人员复核记账凭证及所附结算凭证、原始凭证。

（9）登记账簿。出纳员根据审签的记账凭证，逐笔登记银行存款日记账。分管会计人员根据审签的记账凭证，登记相应的明细分类账；总账会计登记总账。

（10）核对账单并编制银行存款余额调节表。由非出纳人员逐笔核对银行存款日记账并与银行对账单对账。

（11）账账核对。由非出纳人员核对非银行存款日记账和相关明细账、总分类账，如发现不符要报经批准后予以处理。

三、银行存款内部控制的关键风险点

（一）擅自提现或凭票购物

会计人员或出纳人员，擅自签发现金支票提取现金或擅自签发转账支票套购物品，不留存根，不记账，将公款及实物据为己有。究其原因，是企业未建立有效的票据使用制度，未定期核对银行存款日记账和银行对账单的余额是否相符。

微课：银行
存款控制

（二）多头开户，截留公款

会计人员利用银行间相互争资金、拉客户的机会，私自利用企业印鉴章在他行开设存款账户，以本单位更换开户行为由，要求付款单位将欠款或销货收入款转至私设的户头上。这种情况的出现，往往是企业印鉴的保管岗位和货币资金收款岗位未分开所致。

（三）私自背书转让票据

会计人员将收到的转账支票、汇票及银行本票等票据私自背书转让给其他单位，以达到侵吞、占有公款的目的。因此，企业切忌让会计人员一人保管支付款项所需要的全部印章。

（四）出借支票、银行账户

会计人员非法将支票借给他人用于结算或允许他人使用本企业开设的银行账户为其办理收、付、转账业务，从中捞取私利，原因可能是企业票据、银行账户管理混乱，各种票据未连续编号，稽核岗位形同虚设。

（五）涂改银行对账单

会计人员私自提现，然后涂改银行对账单上的发生额或余额，使其与银行存款日记账的金额相符，以掩盖银行存款已减少的事实。企业负责银行收付业务人员的职责，与负责调节银行对账单人员的职责未分开，为会计人员的违法行为提供了便利。

四、银行存款内部控制的关键措施

银行存款内部控制的关键措施如下：

（1）审批。业务部门批准业务员办理银行存款收支业务，需核实原始凭证内容并签章。

（2）审核。会计主管人员审核原始凭证和结算凭证签章同意办理银行存款结算。

（3）结算。出纳人员根据审签的凭证，按照授权办理银行存款业务，非出纳人员不得办理银行存款业务。

（4）复核。稽核员审核银行存款收付记账凭证是否附有原始凭证及结算凭证，结算金额是否一致。

（5）记账。出纳员根据银行存款收、付款记账凭证登记银行存款日记账，会计人员根据收、付款记账凭证登记相关明细账，总账会计登记银行存款总分类账。

（6）核对。稽核员核对银行存款日记账和有关明细账、总分类账。

（7）对账。由非出纳人员逐笔核对银行存款日记账和银行对账单，并编制银行存款余额调节表，调整未达账项。

例题（3-8）（案例分析题）某集团公司审计科长和副科长两人擅自将公司账户中的300万元公款转出，用于购买国债。随后，又将这笔资金转入两人私设的账户内，并将资金平账后非法占有；此后，两人又直接将公司的170万元公款和60万元公款转入私设账户并平账。此外，两人还将公司的300万元公款转至某证券营业部，用于购买债券。后两人将该笔资金转至私人账户内，并将其平账后非法占有。

解析：

（1）该公司员工私设单位银行账户，这些账户的资金活动在公司会计账上没有反映，员工利用这些账户挪用资金和从事不法活动。

（2）多年查账未发现这些账户，也无人去核对，这些都暴露出该公司在银行账户管理上的漏洞。

任务四 **票据印章内部控制**

一、票据的内部控制

为加强对与资金相关票据的管理，规范各种票据的领用、保管、使用等事项，需要制定票据控制制度。

（一）票据使用管理

为了满足集中管理的需要，企业的各种发票、收据等原始凭证都由会计部门统一购买或自制，并对凭证的内容进行管理，包括记录凭证的时间、数量、编号等。对于货币资金而言，主要是收入凭证。

领用票据管理的内容主要有：

（1）领用票据要提出申请，并说明用途、数量，经会计部门主管批准后才能办理领用手续；各部门应指定专人负责领取，领用凭证时要签字确认。

（2）领用人员要检查票据的内容是否有误，如有问题应及时更换；票据用完后，领用部门应将收入款项和票据存根交回会计部门，会计人员对票据进行核对无误后才能领取新票据。

（3）会计部门应该按照号码顺序发放票据，同时在备查簿中记录发出日期、起讫号码、数量等内容。票据的填写要规范，首先要按顺序填写，并保证填写内容的完整性，以反映经济活动的全貌。其次，填写错误不得在原处随意修改，而应该用红笔画去并修改后签字，或者盖"作废"章并保留票据，在下一张票据上重新填写。

微课：票据控制

（二）票据保管管理

票据的保管人员、办理货币资金业务的人员、会计部门的审核人员以及出纳人员应进行职务分离。收款票据安全是货币资金安全的基础，票据保管要做好以下工作：

（1）实行分类专门管理，票据保管人员之间要形成制衡，防止票据的非法改动、丢失和毁坏，建立保管制度，明确程序和责任。

（2）保证票据保管地点的清洁、有序。

（三）银行票据管理

银行票据管理包括授权管理和使用管理两个方面。"授权管理"要求银行票据的取得都要经过部门主管的审批，同时执行人员要监督审批人员。"使用管理"内容包括：

（1）银行票据在结算后要加盖"收讫""付讫"印章，防止重复付款和记账；银行票据不得更改，任何有改动痕迹的银行票据都应该作废，并加盖"作废"印章。

（2）票据转让通过票据背书完成，票据背书应该遵循有关规定，背书票据上的内容包括日期、被背书人的具体名称，多次背书时应注明顺序。

二、印章的内部控制

企业的印章是明确责任、说明业务执行情况的印记，任何经济业务的审批、执行、监督都要留下印章的轨迹。为规范公司财务印章管理，减少因印章使用不当给公司带来的损失，需要制定印章控制制度。

（一）印章的保管要贯彻不相容职务分离的原则

财务专用章和企业高管人员的名章应该分离保管，这能有效防止印章的滥用。同时，各种印章应该分处设专人保管，委托其他人保管个人印章需要经过审批。印章保管人员要互相牵制，如保管箱设两道锁、钥匙由两个以上的人员持有。

（二）印章的使用

（1）制定内部印章使用规则，对印章的使用内容、范围和程序进行规定。

（2）印章离开企业需要经过各部门主管的批准；印章使用者取得印章后要签字证明；印章保管人员要备查登记，及时收回。

例题 3-9 （判断题）严禁由一人保管所有银行预留印鉴。（　　）

答案： √

例题 3-10 （案例分析题）A 公司的出纳人员姚某在工作期间,先后编造各种理由利用 23 张现金支票提取现金 96.94 万元,均未记入现金日记账,构成贪污罪。具体手段如下:第一,隐匿 10 笔出口结汇收入共计 96.94 万元。将其提现的金额与其隐匿的收入相抵,使 33 笔收支业务均未在银行日记账和银行余额调节表中反映。第二,伪造 11 张银行对账单:将提现的整数金额改成带尾数的金额,并将提现的银行代码"11"改成托收的代码"88"或外汇买卖的代码"18"。

请问：A 公司货币资金控制的设计存在哪些问题?

解析：主要的问题有：

（1）缺少对货币资金业务票据、凭证和账簿的审核。这样会导致出纳将实际发生的业务隐藏并转移到自己的账户中,如果审核、复核业务得到有效执行,就能够及时发现类似的问题。

（2）对支票、财务印鉴的控制缺失。现金支票业务是重要的风险控制点,要对现金的使用、销毁、保管进行严格管理。但是 A 公司并未设置相关的控制程序,导致内部存在伪造支票和印章的行为。

（3）对现金和银行存款支出管理不善。对于货币资金的支付环节,现金支付业务的职务分离环节都没有相应的控制制度,使出纳人员能够控制货币资金支付的所有过程,最重要的现金支出控制点也没有进行控制。

企业在设计货币资金内部控制的过程中还要关注以下内容:杜绝挪用现金行为;收入不入账,设小金库或取得不明来源的现金;交易事项不入账,在账面上制造资金存在的现象;多计或多提取各种费用,将款项挪为己用;客户交来现金不开收据,或开已作废的收据;篡改银行对账单或其他银行凭证;伪造职工人数及加班人数和工时;故意发生现金日记账或银行日记账加总错误;故意将原来清楚的往来账转来转去,把账搞复杂,以便浑水摸鱼。

任务五 货币资金业务内部控制实例

一、公司名称

江西新晟启环保科技有限公司。

二、公司货币资金业务流程

公司货币资金业务的流程主要如图 3-1 所示。

三、公司资金授权审批流程与风险控制

公司资金授权审批流程与风险控制主要如图 3-2 所示。

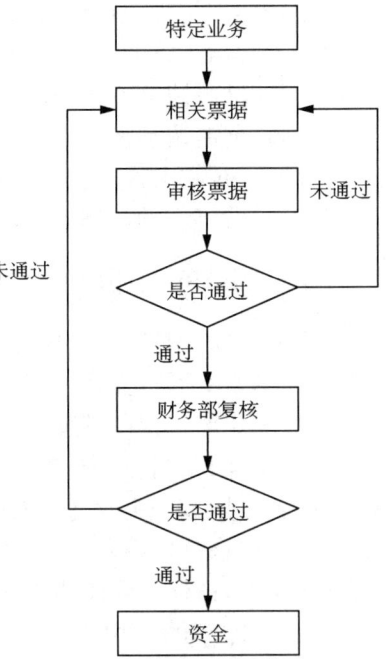

图 3-1 公司货币资金业务流程

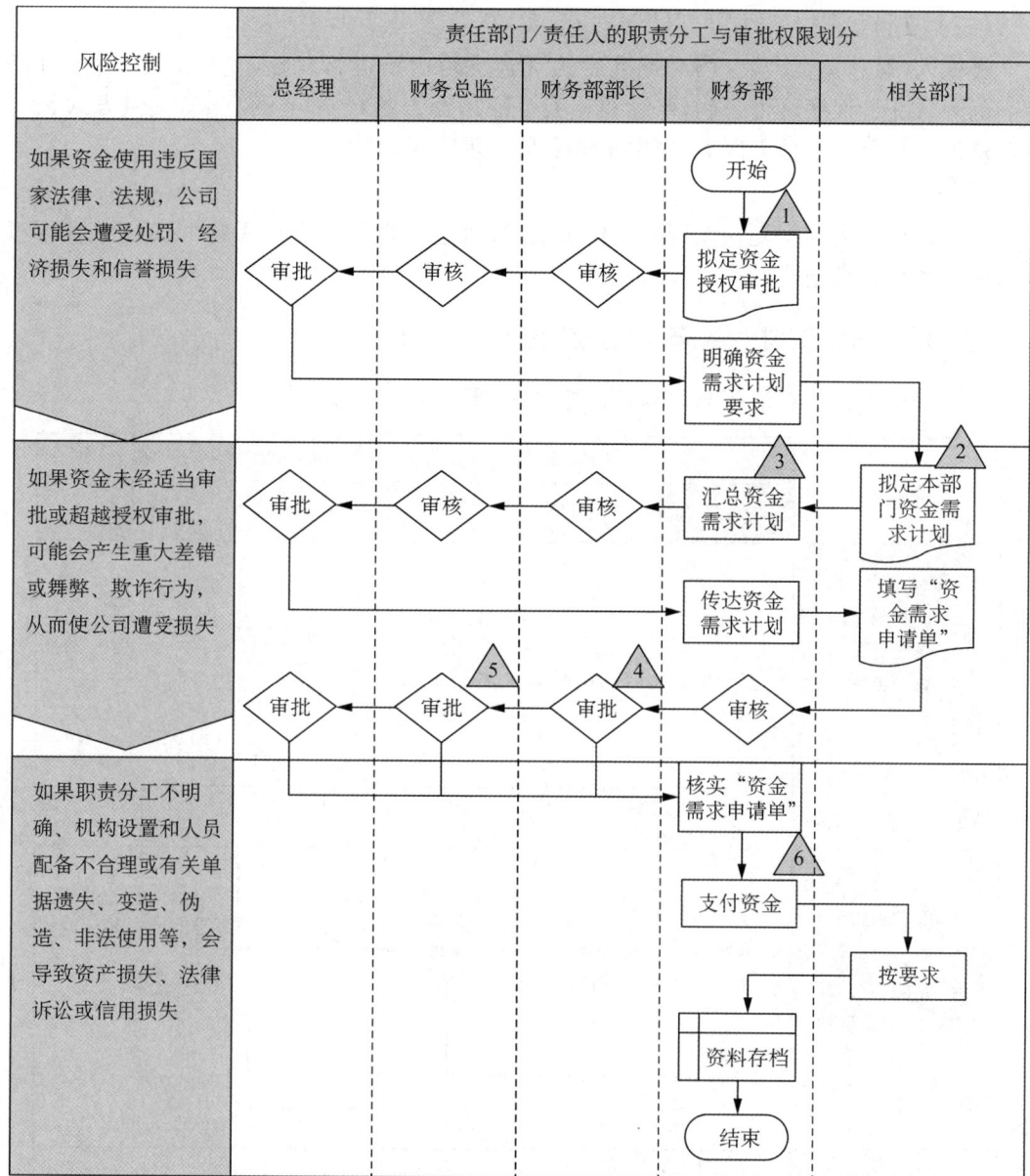

图3-2 公司资金授权审批流程与风险控制图

根据图3-2可知,该公司资金授权审批流程与风险控制主要内容如下:

(一)支付申请

企业有关部门或个人用款时,应当提前向经授权的审批人提交资金支付申请,注明款项的用途、金额、预算、限额、支付方式等内容,并附有效经济合同协议、原始单据或相关证明。

(二)支付审批

审批人(经理、总经理)根据其职责、授权审批权限和相应程序对支付申请进行审批。对不符合规定的资金支付申请,审批人应当拒绝批准,性质或金额重大的,还应及时报告有关部门。

（三）支付复核

复核人（财务负责人）应当对批准后的资金支付申请进行复核，复核资金支付申请的批准范围、权限、程序是否正确，手续及相关单证是否齐备，金额是否准确，支付方式、支付企业是否妥当等。复核无误后，交由出纳人员办理支付手续。

（四）办理支付

出纳人员应当根据复核无误的支付申请，按规定办理资金支付手续，及时登记现金日记账和银行存款日记账。

四、公司资金支付业务流程与风险控制

公司资金支付业务流程与风险控制主要如图3-3所示。

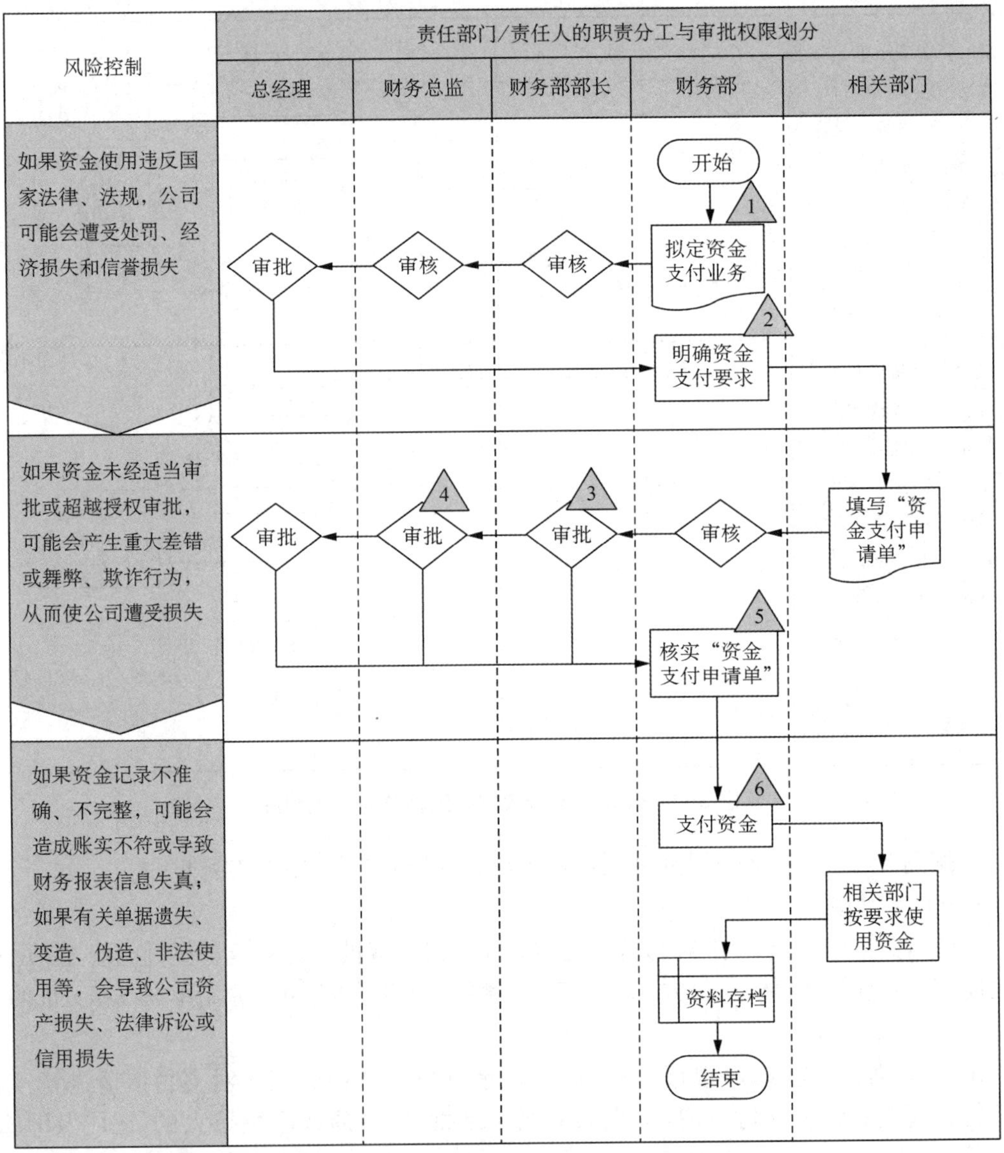

风险控制	责任部门/责任人的职责分工与审批权限划分				
	总经理	财务总监	财务部部长	财务部	相关部门
如果资金使用违反国家法律、法规，公司可能会遭受处罚、经济损失和信誉损失	审批 ←	审核 ←	审核 ←	开始 → ①拟定资金支付业务 → ②明确资金支付要求	
如果资金未经适当审批或超越授权审批，可能会产生重大差错或舞弊、欺诈行为，从而使公司遭受损失	④审批 ←	③审批 ←	审核 ←	⑤核实"资金支付申请单"	填写"资金支付申请单"
如果资金记录不准确、不完整，可能会造成账实不符或导致财务报表信息失真；如果有关单据遗失、变造、伪造、非法使用等，会导致公司资产损失、法律诉讼或信用损失				⑥支付资金 → 资料存档 → 结束	相关部门按要求使用资金

图3-3　公司资金支付业务流程与风险控制图

根据图 3-3 可知,该公司资金支付业务流程与风险控制主要内容如下:

(一)拟定资金支付业务管理制度

公司财务部门根据国家法律法规并结合公司的自身情况,拟定本公司的资金支付业务管理制度并由财务部经理、财务总监、总经理审批。

(二)填写资金支付申请单

财务部根据本公司审批后的资金支付业务管理制度,进一步提出资金支付的相关要求,并填写"资金支付申请单"。

(三)审批资金支付申请单

财务部经理在自身的审批权限范围内审批相应的额度;超出审批权限的,则交由财务总监来进行审批;若仍超出财务总监的审批权限,则还需要由总经理审批。

(四)审批人签署资金支付申请单

审批人签署"资金支付申请单"后,资金专员要审核申请单是否符合本公司的相关规定。

(五)出纳支付资金

资金专员要审核申请单符合本公司的相关规定后,根据"资金支付申请单"批准的额度,出纳支付资金给相关的申请部门。

(六)资金申请部门使用资金

资金申请部门要按照相关要求使用资金。

五、公司银行账户核对流程与风险控制

公司银行账户核对流程与风险控制主要如图 3-4 所示。

根据图 3-4 可知,该公司银行账户核对流程与风险控制主要内容如下:

(1)签订协议。由财务总监授权财务部经理与银行签订《××结算协议》分析。

(2)会计登账。会计根据收付凭证登记相关明细账;总会计登记总分类账银行存款科目,并在记账凭证上签章。

(3)核对账户。稽核员应定期核对银行账户,每月至少核对一次,编制"银行存款余额调节表",并签字盖章。

(4)审核报告。财务部经理指派对账人员以外的其他人员进行审核,确定银行存款日记账账面余额与银行对账单余额是否调节相符。如调节不符,应当查明原因,及时处理。

六、公司货币资金内部控制制度的设计

(一)货币资金岗位分离制度的设计

不得由一人办理货币资金业务的全过程,既包括企业财会部门内部的出纳岗位与会计岗位的分工,又包括与货币资金运作有关的业务岗位分工和货币资金审批的领导岗位分工等。涉及货币资金业务的不相容岗位应相互分离、制约和监督。

(二)企业与银行对账制度的设计

为加强对银行存款的监控,除了由出纳人员随时与银行进行对账外,还必须建立由专门清查人员负责的定期与不定期相结合的银行存款复核、检查性核对制度。

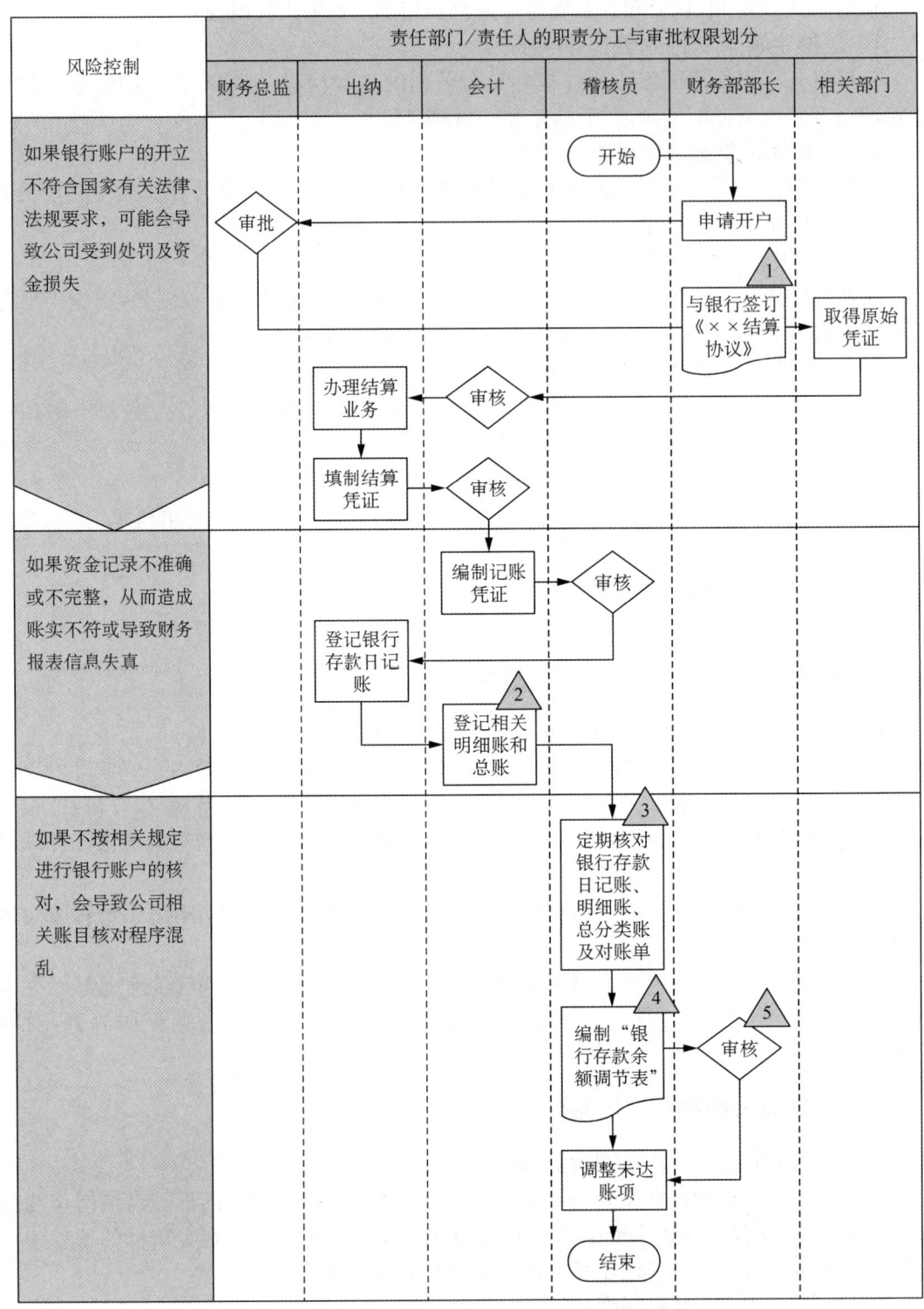

图 3-4　公司银行账户核对流程与风险控制图

（三）货币资金授权批准制度的设计

（1）明确审批人对货币资金业务的授权批准方式、权限、程序、责任和相关控制措施，审批人应当在授权范围内进行审批，不得超越审批权限。

（2）规定经办人办理货币资金业务的职责范围和工作要求，经办人应当在职责范围内按照审批人的意见办理货币资金业务。对于审批人超越授权范围审批的货币资金业务，经办人有权拒绝，并及时向审批人的上级授权部门报告。

（3）对于重要的货币资金支付业务，应当实行集体决策和审批，并建立责任追究制度，防范贪污、侵占、挪用货币资金行为。

（4）严禁未经授权的机构或人员办理货币资金业务或直接接触货币资金。

（四）货币资金收入内部控制制度的设计

（1）严格控制收款日期和收款金额，保证应得的收入及时收取，不缺不漏并及时送存银行。

（2）所有收款收据和发票都必须连续编号，并建立一套严格详细的领用和回收制度。

（3）建立现金、支票、汇票等货币资金收入的防伪检验制度。

（五）货币资金支出控制制度的设计

（1）单位有关部门或个人用款时，应提前向审批人员提交货币资金支付申请，注明款项的用途、金额、预算、支付方式等内容，并附有经济合同或相关证明。

（2）审批人员根据其职责、权限和相应程序对支付申请进行审批。对不符合规定的货币资金支付申请，审批人应当拒绝批准。

（3）复核人应当对批准后的货币资金支付申请进行复核，包括货币资金支付申请的批准范围、权限、程序是否正确，手续及相关单证是否齐备，金额计算是否准确，是否超出预算范围或标准，支付方式、支付单位是否妥当等。复核无误后，交由出纳人员办理支付手续。

（4）出纳人员应当根据复核无误的支付申请，按规定办理货币资金支付手续，并及时登记现金日记账和银行存款日记账。

（六）会计稽核制度的设计

（1）财务部设立专门稽核员，由从事会计工作时间较长的人员担任，负责审核单位所有会计凭证。

（2）稽核会计对单位经济活动所取得的原始凭证、记账凭证进行账前稽核。银行会计、现金会计取得原始凭证后，填制记账凭证，再由稽核会计稽核后方可记账，以保证原始凭证的合法性及会计分录的正确性。

（3）稽核会计对发现的问题及时纠正，遇到解决不了的问题及时汇报财务部负责人或主管领导进行处理。

（4）稽核会计对财会制度执行情况进行审计，揭露存在的问题，提出改进意见。

（5）稽核会计对往来款项进行稽核，协同会计人员及时清理，避免呆账发生。

✎ **强化练习**

一、单项选择题

1. ( )不属于银行存款内部控制应关注的方面。
   A. 银行账户的开立
   B. 银行账户的变更及撤销
   C. 预留印鉴管理
   D. 现金领用

2. 货币资金流程控制活动不包括( )。
   A. 授权控制
   B. 会计记录控制
   C. 决策控制
   D. 定期轮岗控制

3. 以下对预留印鉴管理的描述中,不正确的是( )。
   A. 为了方便工作,印鉴可以让公司员工共同使用
   B. 用于银行支取的预留印鉴分人保管。财务专用章由财务部负责人或其授权人员负责保管,个人名章由本人或其授权人员保管。严禁由一人保管所有银行预留印鉴
   C. 如需变更印鉴保管人,印鉴保管人填列印鉴移交登记记录,并由移交人、接收人及监交人分别签字确认。财务部门专门人员将印鉴移交登记记录视同会计档案妥善保管
   D. 独立于印鉴保管的会计检查人员每月对预留印鉴的保管情况进行检查并记录

4. 独立于出纳人员的财务部门专门人员每月根据银行对账单与银行存款日记账进行核对并编制银行存款余额调节表及签字确认,以确保银行存款的准确性,这属于( )行为。
   A. 不相容职务分离控制
   B. 会计记录控制
   C. 资产保护控制
   D. 内部稽核

5. 财会部门的出纳员、保管员与记账员要分离,这属于( )行为。
   A. 授权控制
   B. 不相容职务分离控制
   C. 会计记录控制
   D. 资产保护控制

6. 出纳必须在会计人员复核签章后,再根据记账凭证办理现金收付,这属于( )行为。
   A. 会计记录控制
   B. 资产保护控制
   C. 内部稽核
   D. 定期轮岗

7. 取得的货币资金收入必须及时入账,不得账外设账,严禁收款不入账,这属于( )行为。
   A. 会计记录控制
   B. 资产保护控制
   C. 内部稽核
   D. 定期轮岗

8. 子公司需要在总部指定银行范围以外的银行开设账户时,需向总公司提出申请,经总公司财务部门负责人或其授权人审批后执行,这属于( )行为。
   A. 授权控制
   B. 不相容职务分离控制
   C. 会计记录控制
   D. 资产保护控制

9. 网上银行账户使用人员收到用户证书与密码后,确认用户证书有效及密码密封完好,并妥善保管;使用人员不得将证书与密码交给其他未经正当授权的人员使用。这属于( )行为。

    A. 会计记录控制   B. 资产保护控制

    C. 内部稽核   D. 定期轮岗

10. 现金保管中,现金的实物管理和对现金交易的记录工作应由不同人员担任,以防范可能发生的舞弊行为,这属于(　　)行为。

    A. 授权控制   B. 不相容职务分离控制

    C. 会计记录控制   D. 资产保护控制

二、判断题

1. 汇票视同现金进行管理,并建立票据领用登记簿对票据的领、用、存情况进行逐笔登记。（　　）

2. 企业因填写、开具失误或者其他原因导致作废的法定票据,可以随意处置或销毁。（　　）

3. 会计记录控制是货币资金内部控制发挥作用的重要方式,也是授权控制和职务分离控制有效性的保证。（　　）

4. 现金的实物管理和对现金交易的记录工作可以由同一人担任。（　　）

5. 公司应有独立于印鉴保管的人员不定期或在预留印鉴变动时对预留印鉴与授权使用人员情况进行审阅和核对。（　　）

6. 会计检查人员要每季度对银行支票的保管使用情况进行检查并在会计检查报告中说明。（　　）

7. 货币资金监督检查的重点内容包括是否存在办理付款业务所需的全部印章交由一人保管的现象。（　　）

8. 企业不得跳号开具票据,不得随意开具空白支票。（　　）

9. 有条件的企业,可以实行收支两条线和集中收付制度,加强对货币资金的集中统一管理。（　　）

10. 企业因填写、开具失误或者其他原因导致作废的法定票据,可以随意处置或销毁。（　　）

三、分析题

1. 2008 年,宁夏某大药房(国有企业)出纳刘某利用职务便利,从单位银行账户上提现共计 239.9 万元据为己有,被检察机关以涉嫌贪污立案并逮捕。根据银川市检察院指控,2004 年 10 月 20 日至 2008 年 9 月 2 日,刘某在担任宁夏某大药房出纳期间,利用管理单位现金支票的便利,将部分空白现金支票私自留存,并偷盖了单位财务专用章和法定代表人印章。随后,刘某分 246 次从药房银行账户上提取现金 239.9 万元据为己有。庭审中,据刘某向检察机关交代,这些款项中,150 万元用于炒股,40 多万元用于个人消费,其余用于吸食毒品等。检察机关认为,应以贪污罪追究刘某的刑事责任。请结合本案例讨论应该如何加强企业货币资金的管理。

2. 公司的会计为外聘的兼职会计,平时不在公司上班,日常会计事务均由出纳费玲办理,所有票据和印章也均由费玲保管。一日,有客户持金额为 2 万元的购货发票要求退货,正与费玲争执时,被经理王某碰到,经查该款系 2 个月前的销货款,并未入账。

试分析 A 公司在内部控制方面存在的缺陷。

素养园地

失之毫厘，谬以千里

西汉时期，将军赵充国奉汉宣帝之命去平定西北地区的叛乱。赵充国到达后，观察到叛军军心不齐，于是决定采取招抚的办法，成功使大部分叛军投降。然而，当汉宣帝命令他出兵时，结果并不顺利。后来，赵充国按照皇命收集军粮，这一行动反而激起了叛乱。对此，赵充国深感无奈，感叹道："真是失之毫厘，谬以千里。"毫和厘都是极小的长度单位，开始时虽然只有微小的差距，但最终可能导致巨大的错误或差异。因此这个成语强调了细节的重要性，提醒人们在处理事务时要谨慎小心，避免因小失大。这个成语在现代仍然广泛使用，常用于警示人们在工作和生活中要注意细节，避免因小失大。例如，在考试中只差一分，就可能失去进入理想大学的机会；在项目管理中，一个小的疏忽可能导致整个项目的失败。

我们的货币资金内部控制工作何尝不是如此？企业的货币资金好比人体的血液，血脉通畅，企业才能运作正常，在"现金为王"的商业社会，资金管理工作尤为重要。如果货币资金的内控工作出现一厘一毫的风险，刚开始可能觉得问题不大，但后面都可能牵一发而动全身，影响企业其他各个不同的业务活动，从而造成不可挽回的损失。

项目四 采购与付款业务
内部控制

🕐 **思维导图**

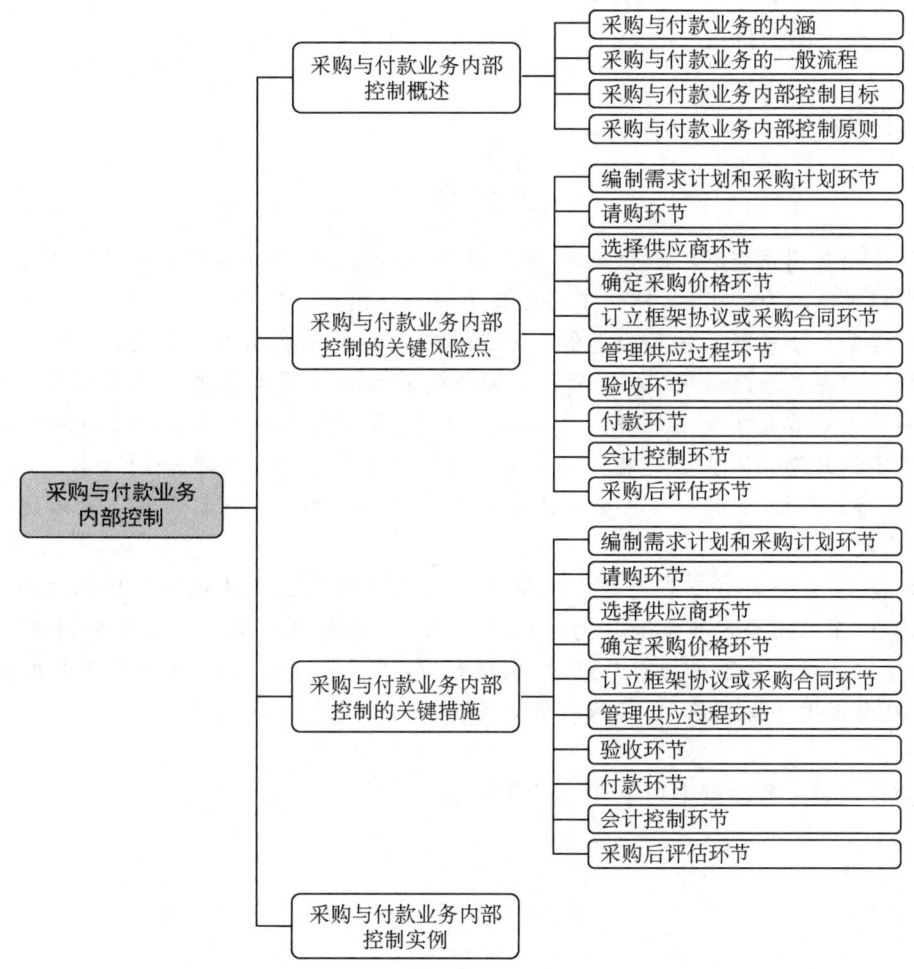

学习目标

知识目标 ·····

(1) 理解采购与付款业务的内涵。
(2) 熟悉采购与付款业务的流程。
(3) 熟悉采购与付款业务各环节的关键风险点。

能力目标 ·····

(1) 掌握采购与付款业务的关键内部控制。
(2) 能够精准定位企业采购与付款业务各环节的内控问题。
(3) 能够有效提出企业采购与付款业务各环节的内控措施。

素养目标 ·····

(1) 培养锲而不舍、不畏困难的精神。
(2) 培养严谨的逻辑思维。

案例导入

亚伦窝案

浙江亚伦集团系国家二级企业,中国行业百强企业、全国造纸行业重点骨干企业。该集团向来以改革创新闻名,是衢州市国企改革的一面旗帜。1995年1月到1998年12月,个体商贩陈某几乎垄断了该集团总价款近270万元的水果采购供应生意,经过政府审计,发现有的发票存在涂改情况,并与亚伦集团所购货物数量出入很大。陈某开具的结账发票连号不符合正常发票使用规律。在部分票据中,陈某开票日期与集团下属的实业公司经理签字审批日期相同甚至超前。部分业务由经理自带汇票与陈某一同采购。进行多次分析之后,审计人员认为陈某以房地产发票与实业公司结账,而未开具当地地方税务发票,涉嫌偷税超过12万元。

经调查,实业公司与陈某大笔水果交易背后的关键人物正是亚伦集团的总经理王品发。经调查,王品发个人涉案金额高达60余万元,龙游县纪委认定其违纪金额超过28万元,依法予以收缴。集团内上自总经理、副总经理,下至热电分厂小小的煤调度员、采购员等共计20余人因涉嫌受贿、贪污纷纷被处置。

思考:

该公司材料采购制度中可能存在哪些缺陷?

📖 知识准备

任务一 采购与付款业务内部控制概述

一、采购与付款业务的内涵

采购与付款业务是企业经营活动的首要环节,它与生产、销售计划密切联系,业务发生频繁,工作量大,运行环节多,直接导致货币资金的支出或对外负债的增加,容易产生管理漏洞。建立完善的采购与付款业务内部控制制度,可以保证采购付款业务循环有效运行,确保采购事项的真实性、合理性、合法性,发现并纠正错误,防止欺诈和舞弊行为,及时准确提供采购与付款业务的会计信息,使企业在采购、付款环节获得最大经济效益。

设计采购与付款业务的内部控制制度,就是依据企业的生产经营特点,针对采购与付款业务的工作特性,设计出规范整个业务流程和每个关键控制点的规定、方法、措施等,并规范执行,严格监督。

二、采购与付款业务的一般流程

一般而言,企业采购与付款业务流程包括 10 个环节,分别是:

（一）编制需求计划和采购计划

采购与付款业务从计划（或预算）开始,包括需求计划和采购计划。企业实务中,需求部门一般根据生产经营需要向采购部门提出物资需求计划,采购部门根据该需求计划归类汇总平衡现有库存物资后,统筹安排采购计划,并按规定的权限和程序审批后执行。

（二）请购

请购是指企业生产经营部门根据采购计划和实际需要,提出的采购申请。

（三）选择供应商

选择供应商,也就是确定采购渠道,是企业采购与付款业务流程中非常重要的环节。

（四）确定采购价格

如何以最优"性价比"采购到符合需求的物资,是采购部门的永恒主题。

（五）订立框架协议或采购合同

框架协议是企业与供应商之间为建立长期物资购销关系而作出的一种约定。采购合同是指企业根据采购需要、确定的供应商、采购方式、采购价格等情况与供应商签订的具有法律约束力的协议,该协议对双方的权利、义务和违约责任等情况作出了明确规定（企业向供应商支付合同规定的金额、结算方式,供应商按照约定时间、期限、数量与质量、规格交付物资给采购方）。

（六）管理供应过程

管理供应过程,主要是指企业建立严格的采购合同跟踪制度,科学评价供应商的供货情况,并根据合理选择的运输工具和运输方式,办理运输、投保等事宜,实时掌握物资采购供应过程的情况。

（七）验收

验收是指企业对采购物资和劳务的检验接收,以确保其符合合同相关规定或产品质

量要求。

（八）退货

退货一般是指商品质量或包装有问题,买方将不满意的商品退还给企业。

（九）付款

付款是指企业在对采购预算、合同、相关单据凭证、审批程序等内容审核无误后,按照采购合同规定及时向供应商办理支付款项的过程。

（十）会计控制

会计控制主要是指采购与付款业务会计系统控制。

采购与付款业务具体流程如图 4-1 所示。

微课：采购
业务流程图
讲解

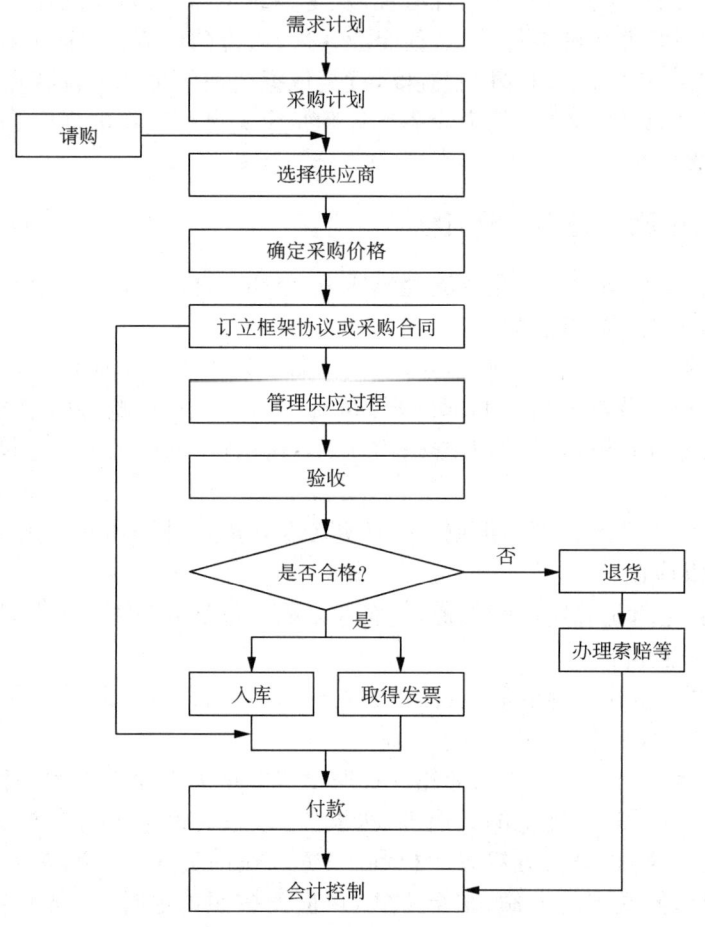

图 4-1　企业采购与付款业务流程

三、采购与付款业务内部控制目标

采购是存货管理的第一环节,它与生产和销售计划联系密切,它直接导致货币资金的支出或对外负债的增加,容易产生管理漏洞。对于生产企业来说,采购是生产的准备阶段,为了生产适销对路的盈利产品,必须采购生产适用、价格公道、质量合格的原材料。对于流通企业来说,要使企业获得尽可能多的销售收入,必须采购适销对路且价格公道的商品。

(1)存货的采购要与生产、销售业务的要求保持一致。

(2)货币资金的支付或负债的增加必须以获得品质优良存货为前提,保持货款支付或负债增加的真实性与合理性。

(3)合理披露企业应享有的购货折扣与折让。

(4)防止采购环节中违法乱纪、侵吞企业利益等不法行为的发生。

(5)保证采购与付款业务在内、外部各环节的运行通畅和高效率。

(6)及时、准确提供存货采购的会计信息。

四、采购与付款业务内部控制原则

设计采购与付款业务内部控制最基本的原则是实事求是、"因企制宜"、灵活兼顾。具体包括:

(一)相互牵制原则

一项完整的采购与付款业务,如果是经过两个以上的相互制约环节对其进行监督和核查,其发生错弊现象的可能性就很小。就具体内控措施来说,相互牵制必须考虑横向控制和纵向控制两个方面的制约关系。从横向关系来讲,完成某个环节的工作需有来自彼此独立的两个部门或人员协调运作、相互监督、相互制约、相互证明;从纵向关系来讲,完成某个工作需经过互不隶属的两个或两个以上的岗位和环节,以使下级受上级监督,上级受下级牵制。例如,在材料采购控制系统中,采购部门只有凭领导审批后的采购单或合同(纵向牵制)进行采购,而采购的材料必须经过验收(横向牵制)后,才能办理有关手续。

因而只有经过横向关系和纵向关系的核查和制约,才能使发生的错弊减少到最低程度,或者即使发生问题,也能尽早发现,及时纠正。

(二)成本效益原则

企业最关心的是经济效益,如果单纯从控制的角度来考虑,参与控制的人员和环节越多,控制措施越严密,控制的效果就越好,错弊的发生就越少,但因控制活动造成的控制成本就越高。因此,在设计采购与付款业务内部控制时,一定要考虑控制投入成本和控制产出效益之比,要根据企业自身经营的实际情况,权衡实施成本与预期效益科学设计,力争以最小的控制成本取得最大的控制效果。

(三)岗位责任原则

采购与付款业务内部控制的设立是与企业的管理模式紧密联系的,企业按照其推行的管理模式设立工作岗位,并赋予其责、权、利,规定相应的操作规程和处理程序。在设置岗位时必须考虑到授权岗位和执行岗位的分离、执行岗位和审核岗位的分离、保管岗位和记账岗位的分离等,通过不相容职责的划分,各部门和人员之间相互审查、核对和制衡,避免一个人控制一项交易的各个环节,以防止员工的舞弊行为。

(四)协调配合原则

设计采购与付款业务内部控制要有利于各部门之间、人员之间相互配合、协调同步、紧密衔接,避免只管相互牵制而不顾办事效率的做法,导致不必要的扯皮和脱节现象。为此,必须做到既相互牵制,又相互协调,保证经营管理活动连续、有效地进行。

任务二 采购与付款业务内部控制的关键风险点

一、编制需求计划和采购计划环节

编制需求计划和采购计划环节的主要风险为三个"不",分别是:需求或采购计划不合理、不按实际需求安排采购或随意超计划采购,甚至与企业生产经营计划不协调等。

二、请购环节

在请购阶段,采购计划安排不合理,市场变化预测不准确,造成库存短缺或积压,可能导致企业生产停滞或资源浪费。该环节的主要风险主要有:缺乏采购申请制度,请购未经适当审批或超越授权审批,比如请购不应采购的货品、请购货品超量、请购人混淆不清,可能导致采购物资过量或短缺,影响企业正常生产经营。

三、选择供应商环节

选择供应商环节的主要风险有:供应商选择不当,可能导致采购物资质次价高,甚至出现舞弊行为。例如,调查表设计不标准、不合理,可能会导致漏选一些优秀的供应商;比质、比价采购制度不完善,导致备选供应商不符合企业要求。

四、确定采购价格环节

确定采购价格环节的主要风险是:采购定价机制不科学,采购定价方式选择不当,缺乏对重要物资品种价格的跟踪监控,引起采购价格不合理,可能造成企业资金损失。

影响材料采购成本的风险因素具体包括以下几个方面:

(一)采购前期费用

一般来说,材料供应计划确定以后,供应部门就会着手开展采购活动。采购的前期工作包括市场调查、质量评审、信用评估、供需洽谈及派出人员现场调查等。这个方面如果控制不好,就会出现信息失真、欺上瞒下、差旅费用过高等问题。

(二)采购价格

采购价格直接决定原材料的采购成本。一定量的产品最终所需的原材料数量是一定的,因此采购价格的高低会极大影响产品制造成本。采购活动中经常出现价格差,部分原因是供应者和采购者之间存在市场信息不对称。供应者因拥有充分的相关信息,常常占据较大的优势。

(三)采购批量

企业生产宏观的连续性和微观的周期性,决定了企业持续而且批量采购,采购次数越频繁,储备资金越低,资金周转率越高,但采购前期费用和采购价格就会越高。

(四)质量特性

不同产品所用的原材料质量等级不同,同一产品不同部位使用的原材料质量等级也不同,因此,应按其质量特性高低划分不同等级进行分类管理并实施不同控制。

五、订立框架协议或采购合同环节

订立框架协议或采购合同环节的主要风险有:框架协议签订不当,可能导致物资采购不顺畅;未经授权对外订立采购合同,合同对方主体资格、履约能力等未达要求、合同内容存在重大疏漏和欺诈,可能导致企业合法权益受到侵害。

材料采购合同是以材料、设备等为标的的支出性经济合同。材料采购合同无论在数量上还是金额上都占经济合同中的大部分比例,其签订是否合理合法、履行是否到位,在一定程度上会引起企业成本与资金的波动,从而影响企业的经济效益,目前公司材料采购合同在签订、履行、结算等方面存在一定的漏洞,主要表现在以下几个方面:

(一)签订虚假经济合同,套取资金

材料采购合同主要是由企业的计划部门和物资等相关部门负责签订的,如果缺乏监管,有些企业内部的合同经办人员为了谋求私利可能会与合同的对方当事人相互串通,签订虚假的经济合同,套取企业资金,给企业造成损失。

(二)价格虚高

合同条款表述不清,很多企业在签订合同时缺乏必要的市场调研,对市场信息掌握不够,未按市场行情及时调整价格,未进行招标,对价款组成部分的包装费、运输费缺乏明确约定等。此外,合同条款内容未按规范进行表述,容易使合同双方在供货时间、标的物规范及费用的负担上引起不必要的纠纷。

(三)合同条款执行不严,未能有效追究违约责任

有些企业材料采购合同条款中违约责任的规定形同虚设,执行不严格,有些企业由于计划、仓储与验收、生产部门脱节,导致合同履行不力,甚至出现对方单位没能完全履约或者在货未到齐的情况下全额付款等情况,给企业造成经济损失。

(四)合同行为不正当

卖方为了改变在市场竞争中的不利地位,往往采取一些不正当手段,如对采购人员行贿套取企业采购标的,给予虚假优惠,以某些好处为诱饵公开兜售假冒伪劣产品等,以此损害公司的经济利益。

六、管理供应过程环节

管理供应过程环节的主要风险是:缺乏对采购合同履行情况的有效跟踪,运输方式选择不合理,忽视运输过程的保险风险,可能导致采购物资损失或无法保证供应。

七、验收环节

验收环节的主要风险是三个"不",具体为:验收标准不明确、验收程序不规范、对验收中存在的异常情况不作处理,可能造成账实不符、采购物资损失。导致的严重后果有:采购商品和验收商品不一致、实际采购数额和批准数额不一致、实际库存与账面记录不一致、货品质量低下等。

八、付款环节

付款环节的主要风险是三个"不",具体表现为:付款审核不严格、付款方式不恰当、付

款金额控制不严,可能导致企业资金损失或信用受损。

九、会计控制环节

会计控制环节的主要风险具体表现为:缺乏有效的采购会计系统控制,未能全面真实地记录和反映企业采购各环节的资金流和实物流情况,会计记录与相关采购记录、仓储记录不一致,可能导致企业采购与付款业务未能如实反映,以及采购物资和资金受损。可能导致的后果有:未发生的采购与付款业务被记账、退货和折让的记录不实、账户余额不正确、报表错误、监守自盗等。

十、采购后评估环节

采购后评估环节的主要风险是:采购与付款业务结束后,企业没有定期对物资需求计划、采购计划、采购渠道、采购价格、采购质量、采购成本、协调或合同签约与履行情况等物资采购供应活动进行专项评估和综合分析,从而未能及时发现采购与付款业务的薄弱环节,没有优化采购流程。

例题 4-1 (案例分析题)2023 年 10 月 1 日,某五星级国际酒店在鲜花的簇拥和鞭炮的喧嚣中正式对外营业了。开业当天,最让人感到骄傲和荣耀的是酒店大堂里天花板上如星际一般的灯光装饰,和一个圆圆的、超级真实的月亮水晶灯,使得整个酒店绚丽夺目。据称,此灯是从瑞士某珠宝公司高价购买的,货款总价高达 150 万美元。然而,好景不长。两个月后,这些高规格高价值的水晶灯饰就失去了原来的光泽,变得灰蒙蒙的;部分连接的金属灯杆出现了锈斑,还有一些灯珠破裂甚至脱落。事件真相很快就水落石出,原来这盏水晶灯根本不是从瑞士某珠宝公司购买的,而是通过南方某地的奥尔公司代理购入的赝品水晶灯。

负责采购的王副总经理在交易过程中贪污受贿,中饱私囊。虽然出事之后,王副总经理得到了法律的严惩,然而该国际酒店不仅因此遭受了数千万元的巨额损失,更为严重的是,酒店名誉蒙受重创,成为同行的笑柄。请问这个案例中,该酒店在采购预付款业务管理中的漏洞主要有哪些?

解析:其一,国际酒店在未经过公开招标的情况下,即与南方奥尔公司签订了价值为 150 万美元的代购合同。

其二,交易发生后,奥尔公司并未向国际酒店出具有关水晶灯的任何品质鉴定资料,国际酒店也始终没有同奥尔公司办理必要的查验手续。

主要原因是:交易都是由王副总经理一人操纵的,从签订合同到验收入库再到支付货款都是他一个人说了算,而他之所以会这样做,正是因为收受了奥尔公司的巨额好处费。

任务三 采购与付款业务内部控制的关键措施

企业应当结合实际情况,全面梳理采购与付款业务流程,完善采购与付款业务相关管理制度,统筹安排采购计划,明确请购、审批、购买、验收、付款、采购后评估等环节的职责和审批权限,按照规定的审批权限和程序办理采购与付款业务,建立价格监督机制,定期检查和评价采购过程中的薄弱环节,采取有效控制措施,确保物资采购满足企业生产经营需要。

一、编制需求计划和采购计划环节

针对编制需求计划和采购计划环节关键风险点,主要管控措施有以下三个:

(一)根据实际需要编制需求计划

生产、经营、项目建设等部门,应当根据实际需求准确、及时编制需求计划。需求部门提出需求计划时,不能指定或变相指定供应商。对独家代理、专有、专利等特殊产品应提供相应的独家、专有资料,经专业技术部门研讨后,由具备相应审批权限的部门或人员审批。

(二)科学安排采购计划

采购计划是企业年度生产经营计划的一部分,在制定年度生产经营计划过程中,企业应当根据企业的发展目标和实际需要,结合库存和在途情况,科学安排采购计划,防止采购过高或过低。

(三)采购计划应纳入预算管理

采购计划应纳入采购预算管理,经相关负责人审批后,作为企业刚性指令严格执行。

二、请购环节

针对请购环节关键风险点,主要管控措施有以下三个:

(一)建立采购申请制度

依据购买物资或接受劳务的类型,确定归口管理部门,授予相应的请购权,明确相关部门或人员的职责权限及相应的请购程序。

企业可以根据实际需要设置专门的采购部门,对需求部门提出的采购需求进行审核,并进行归类汇总,统筹安排企业的采购计划。

(二)严格按照预算进度办理请购手续

具有请购权的部门对于预算内采购项目,应当严格按照预算执行进度办理请购手续,并根据市场变化提出合理采购申请。

对于超预算和预算外采购项目,应先履行预算调整程序,由具备相应审批权限的部门或人员审批后,再办理请购手续。

(三)严格审核采购申请

具备相应审批权限的部门或人员审批采购申请时,应重点关注采购申请内容:①是否准确、完整;②是否符合生产经营需要;③是否符合采购计划;④是否在采购预算范围内。

对不符合规定的采购申请,应要求请购部门调整请购内容或拒绝批准。

三、选择供应商环节

针对选择供应商环节关键风险点,主要管控措施有以下三个:

(一)建立科学的供应商评估和准入制度

首先,对供应商资质信誉情况的真实性和合法性进行审查,确定合格的供应商清单,健全供应商网络。其次,企业新增供应商的市场准入、供应商新增服务关系以及调整供应商物资目录,都要由采购部门根据需要提出申请,并按规定的权限和程序审核批准后,纳入供应商网络。再次,企业可委托具有相应资质的中介机构对供应商进行资信调查。

（二）择优确定供应商

采购部门应当按照公平、公正和竞争的原则，在切实防范舞弊风险的基础上，与供应商签订质量保证协议。

（三）建立供应商管理信息系统和供应商淘汰制度

首先，对供应商提供物资或劳务的质量、价格、交货及时性、供货条件及其资信、经营状况等进行实时管理和考核评价。其次，根据考核评价结果，提出供应商淘汰和更换名单，经审批后对供应商进行合理选择和调整，并在供应商管理系统中作出相应记录。

四、确定采购价格环节

针对确定采购价格环节关键风险点，主要管控措施有以下两个：

（一）健全采购定价机制

微课：采购
业务内部控
制

采取协议采购、招标采购、询比价采购、动态竞价采购等多种方式，科学合理地确定采购价格。对标准化程度高、需求计划性强、价格相对稳定的物资，通过招标、联合谈判等公开、竞争方式签订框架协议。

（二）确定采购执行价格或参考价格

采购部门应当定期研究大宗通用重要物资的成本构成与市场价格变动趋势，确定重要物资品种的采购执行价格或参考价格。

建立采购价格数据库，定期开展重要物资的市场供求形势及价格走势商情分析并合理利用。

控制采购成本应从两个层面入手，即从技术层面提高业务的执行能力和从系统建设方面创建采购的环境，即控制活动和控制环境，并不断从这两个方面持续改进。

控制采购成本的具体方法如下：

1．充分进行采购市场的调查和信息收集

一个企业的采购管理要达到一定水平，应充分注意对采购市场的调查和信息的收集整理，充分了解市场的状况和价格走势，使自己处于有利地位，如有条件，企业可设专人从事这方面的工作，定期形成调研报告。

2．建立严格的采购制度

建立严格、完善的采购制度，不仅能规范企业的采购活动，提高效率，杜绝部门之间扯皮，还能预防采购人员的不良行为。采购制度应规定物料采购的申请、授权人的批准权限、物料采购的流程、相关部门（特别是财务部门）的责任和关系、各种材料采购方式、报价和价格审批等。比如，可在采购制度中规定采购的物品要向供应商询价、列表比较、议价，然后选择供应商，并把所选的供应商及其报价填入请购单，还可规定超过一定金额的采购须附上三个书面报价等，以供财务部门或内部审计部门稽核。

3．建立供应商档案和准入制度

对企业的正式供应商要建立档案，供应商档案除有编号、详细联系方式和地址外，还应有付款条款、交货条款、交货期限、品质评级、银行账号等，每一个供应商档案都应经过严格审核才能归档。企业的采购必须在已认定的供应商中进行。供应商档案应定期或不定期地更新，并设专人管理。同时要建立供应商准入制度。重点材料的供应商须经质检、物料、财务等部门联合考核后才能进入，如有可能要到供应商生产地实地考核。企业要制定严格的考核程序和指标,要对考核的问题逐一评分,只有达到或超过评分标准者才能成为归档供应商。

4. 建立价格档案和价格评价体系

企业采购部门要对所有的采购材料建立价格档案。对每一批采购物品的报价,应首先与归档的材料价格进行比较,分析价格差异原因,如无特殊原因,采购价格原则上不能超过档案中的价格水平,否则要作出详细说明。对于重点材料的价格,要建立价格评价体系,由公司有关部门组成价格评价组,定期收集有关的供应价格信息,以此分析、评价现有的价格水平,并对归档的价格档案进行评价和更新,可以每季度或每半年进行一次。

5. 选择有利的付款条件

如果企业资金充裕,或者银行利率较低,可采用现金交易或货到付款的方式,这样往往能带来较大的价格折扣。此外,对于进口材料、外汇币种的选择和汇率走势也要格外注意。

6. 把握价格变动的时机

材料价格会经常随着季节、市场供求情况而变动。因此,采购人员应注意价格变动规律,把握采购时机。如企业所用的主要原材料价格不断上升,采购部门能把握好时机和采购数量,就会给企业带来很大的经济效益。

7. 以竞争招标的方式牵制供应商

对于大宗物料采购,一个有效的方法是实行竞争招标。通过招标,往往能通过供应商的相互比价,最终得到底线的价格。此外,对同一种材料,应多找几个供应商,对不同供应商进行选择和比较,从而使公司在谈判中处于有利地位。

五、订立框架协议或采购合同环节

针对订立框架协议或采购合同环节关键风险点,主要管控措施有以下三个:

(一)进行风险评估和引入竞争制度

其一,是对拟签订框架协议的供应商的主体资格、信用状况等进行风险评估;其二,是框架协议的签订应引入竞争制度,确保供应商具备履约能力。

(二)按照规定权限签署采购合同

根据确定的供应商、采购方式、采购价格等情况,拟定采购合同,准确描述合同条款,明确双方的权利、义务和违约责任,按照规定权限签署采购合同。对于影响重大、涉及较高专业技术或法律关系复杂的合同,应当组织法律、技术、财会等专业人员参与谈判,必要时可聘请外部专家参与相关工作。

(三)统一规定量差允许度

对重要物资验收量与合同量之间允许的差异,应当作出统一规定。针对采购合同中存在的问题,企业可以采取下列措施予以应对:

1. 对采购合同进行全方位内部审计

在采购合同审计中,应运用签约审计、结算审计与消耗审计策略应对合同风险。签约审计重点针对的是材料采购合同中盲目采购、虚假采购和扩大消耗、虚增成本等问题。为防止不合理的采购造成库存积压和损失浪费现象,按照先平库、后采购的原则,审查采购计划的真实性、合理性,提高资金使用效率;另外,贯彻订货选厂、产品选型、质量选优、价格选廉、供货选块、服务选佳的宗旨,做好合同条款和价格的审计。结算审计是材料采购合同价款支付之前的最后一关,针对经常容易出现的高于合同约定结算、不按合同条款履

行、结算手续不完善、结算多付款等问题,应该以合同约定为依据,做到物资验收单、运货单、发货单与合同约定相符,入库产品的品种、规格、质量、价格与合同约定相符。消耗审计作为一种跟踪审计手段,主要目的是监督真实消耗,通过核实计划用量与实际用量之间的差异,防止实物短缺、物资散失及变卖行为,并提出相应的管理建议。

2. 审查采购合同价格

为确保采购合同价格审定得科学、合理与公平,企业可以根据实际情况,采取以下价格审查方法:一是价格咨询法。对于价格变动频繁且市场用量较大的通用材料,以及价格相对公开的产品,利用网上咨询、电话咨询等方式,掌握当期价格的升降幅度以及变动因素,从而提供合理的市场参考价格。二是中标价格法。按照《中华人民共和国招标投标法》的规定,对大宗物资、大宗材料,采取货比三家的招标采购方式,落实中标价格和中标品种。三是最高限价法。对政府定价的产品和价格相对稳定且价值较低的物资,根据历史资料,直接实行最高限价。四是价格库应用法。在建立管理信息系统的企业,凡是已经签约过的价格全部存放在价格数据库中,随时调阅、修正,实行自动比价。五是成本测算法。对新产品和特殊加工产品实施成本测算,依据产品的科技含量和技术标准,测算人工、材料、机械费用,科学确定产品价格。

六、管理供应过程环节

针对管理供应过程环节关键风险点,主要管控措施有以下四个:

（一）跟踪合同履行情况

依据采购合同中确定的主要条款跟踪合同履行情况,对有可能影响生产或工程进度的异常情况,应出具书面报告并及时提出解决方案,采取必要措施,保证需求物资的及时供应。

（二）建立并执行巡视、点检和监造制度

对重要物资建立并执行合同履约过程中的巡视、点检和监造制度。对需要监造的物资,择优确定监造单位,签订监造合同,落实监造责任人,审核确认监造大纲,审定监造报告,并及时向技术等部门通报。

（三）选择合理的运输工具和运输方式

根据生产建设进度和采购物资特性等因素,选择合理的运输工具和运输方式,办理运输、投保等事宜。

（四）实行采购登记制度或信息化管理

实行全过程的采购登记制度或信息化管理,确保采购过程的可追溯性。

七、验收环节

针对验收环节关键风险点,主要管控措施有以下三个:

（一）制定采购验收标准

制定明确的采购验收标准,结合物资特性确定必检物资目录,规定此类物资出具质量检验报告后方可入库。

（二）各部门各司其职

验收机构或人员应当根据采购合同及质量检验部门出具的质量检验证明,重点关注采购合同、发票等原始单据与实际采购物资的数量、质量、规格型号等的核对。对验收合格的物资,填制入库凭证,加盖物资"收讫"章,登记实物账,及时将入库凭证传递给财会部门。物资入库前,采购部门须检查质量保证书、商检证书或合格证等证明文件。验收时涉及技术性强、大宗和新、特物资,应进行专业测试,必要时可委托具有检验资质的机构或聘请外部专家协助验收。

（三）按规定处理异常情况、不合格物资和迟交货

对于验收过程中发现的异常情况,比如无采购合同或大额超采购合同的物资、超采购预算采购的物资、毁损的物资等,验收机构或人员应当立即向企业有权管理的相关机构报告,相关机构应当查明原因并及时处理。

对于不合格物资,采购部门依据检验结果办理让步接收、退货、索赔等事宜。对延迟交货造成生产建设损失的,采购部门要按照合同约定索赔。

八、付款环节

针对付款环节关键风险点,主要管控措施有以下三个:

（一）严审票据的真实性、合法性和有效性

严格审查采购发票等票据的真实性、合法性和有效性,判断采购款项是否确实应予支付。内容包括:一是审查发票填制的内容是否与发票种类相符合、发票加盖的印章是否与票据的种类相符合等。二是企业应当重视采购付款的过程控制和跟踪管理,如果发现异常情况,应当拒绝向供应商付款,避免出现资金损失和信用受损。

微课:采购付款内部控制

（二）合理选择付款方式

根据国家有关支付结算的相关规定和企业生产经营的实际情况,合理选择付款方式,并严格遵循合同规定,防范付款方式不当带来的法律风险,保证资金安全。除了不足转账起点金额的采购可以支付现金外,采购价款应通过银行办理转账。

（三）加强预付款和定金的管理

加强预付账款和定金的管理,涉及大额或长期的预付款项,应当定期进行追踪核查,综合分析预付账款的期限、占用款项的合理性、不可收回风险等情况,发现有疑问的预付款项,应当及时采取措施,尽快收回款项。

九、会计控制环节

针对会计控制环节关键风险点,主要管控措施有以下两个:

（一）加强会计系统控制

企业应当加强对购买、验收、付款业务的会计系统控制,详细记录供应商情况、采购申请、采购合同、采购通知、验收证明、入库凭证、退货情况、商业票据、款项支付等情况,做好采购与付款业务各环节的记录,目标是确保会计记录、采购记录与仓储记录核对一致。

（二）核对往来款项

指定专人通过函证等方式,定期向供应商寄发对账函,核对应付账款、应付票据、预付账款等往来款项。对供应商提出的异议应及时查明原因,报有权管理的部门或人员批准后,作出相应调整。

十、采购后评估环节

针对采购后评估环节关键风险点,主要管控措施有以下两个:

（一）定期进行专项评估和综合分析

企业应当定期对物资需求计划、采购计划、采购渠道、采购价格、采购质量、采购成本、协调或合同签约与履行情况等物资采购供应活动进行专项评估和综合分析，及时发现采购与付款业务薄弱环节，优化采购流程。

（二）完善业绩考核体系

企业应将物资需求计划管理、供应商管理、储备管理等方面的关键指标纳入业绩考核体系，促进物资采购与生产、销售等环节的有效衔接，不断防范采购风险，全面提升采购效能。

任务四 采购与付款业务内部控制实例

一、公司名称

江西新晟启环保科技有限公司。

二、公司采购与付款业务流程

公司采购与付款业务流程主要涉及编制需求计划和采购计划、请购、选择供应商、确定采购价格、订立框架协议或采购合同、管理供应过程、验收、退货、付款、会计控制等环节，如图 4-2 所示。

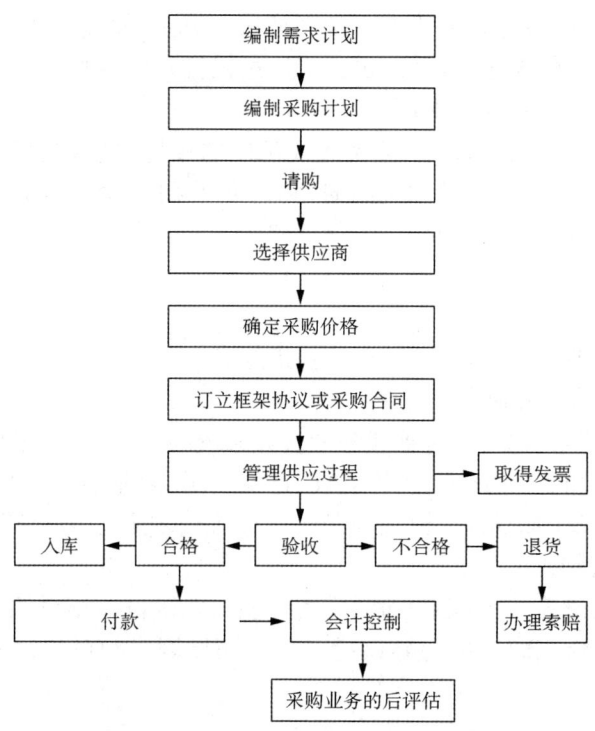

图 4-2　公司采购与付款业务流程

三、公司采购与付款业务不相容职责分工

公司采购与付款业务不相容职责分工主要如图 4-3 所示。

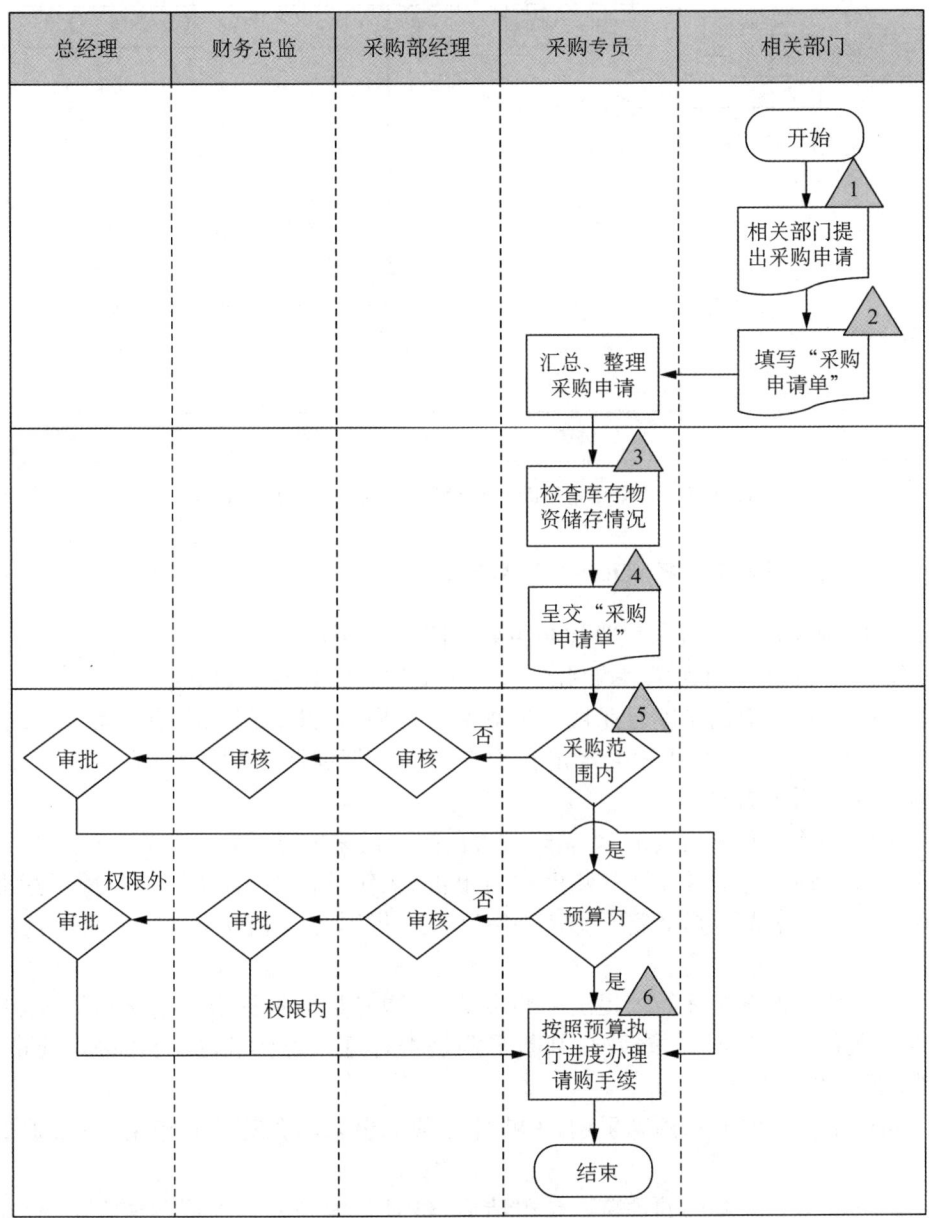

图 4-3 公司采购与付款业务不相容职责分工图

四、公司日常采购计划编制、合同签订程序设计

公司日常采购计划编制、合同签订程序设计主要如图 4-4 所示。

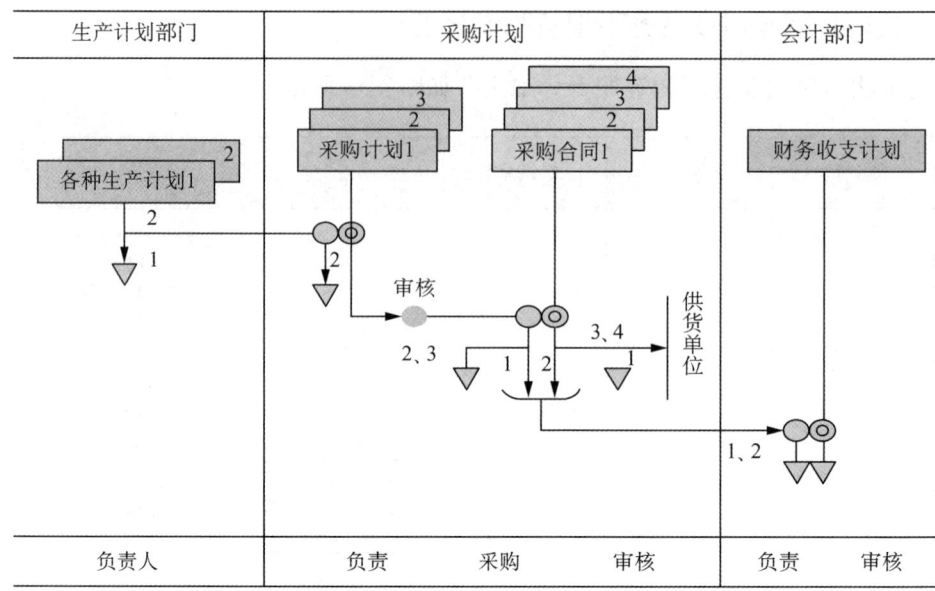

图 4-4　公司日常采购计划编制、合同签订程序设计图

五、公司采购预算业务流程与风险控制

公司采购预算业务流程与风险控制主要如图 4-5 所示。

根据图 4-5,该公司采购预算业务流程与风险控制内容主要如下:

(1) 各生产单位根据年度营业目标预测生产计划,据此编制年度物资需求计划,并编制采购预算;仓储部根据企业相关规定和生产用料计划编制采购预算;研发部、行政部根据实际需求编制采购预算。

(2) 财务部预算专员负责汇总、整理各部门提交的采购预算。

(3) 财务部预算专员根据上一年度材料单价、次年度汇率、利率等各项预算基准编制企业"年度采购预算表",财务部经理签字确认后,报财务总监审核、总经理审批后严格执行。

(4) 请购部门根据实际需求提出采购申请,采购专员应根据市场价格填写采购金额,依据企业相关规定及生产需求情况,判断采购是否合理。若合理,提交相关领导审批;不合理,则退回请购部门。

(5) 若超范围采购或超预算采购,采购部必须提出采购预算调整申请,方可追加采购预算。

(6) 财务部接到采购部的预算调整申请后,核对并编制采购预算调整方案,提交财务总监审核、总经理审批。

六、公司请购审批业务流程与风险控制

公司请购审批业务流程与风险控制主要如图 4-6 所示。

根据图 4-6,该公司请购审批业务流程与风险控制内容主要如下:

(1) 生产部和仓储部等物资需求部门根据企业相关规定及实际需求提出采购申请。

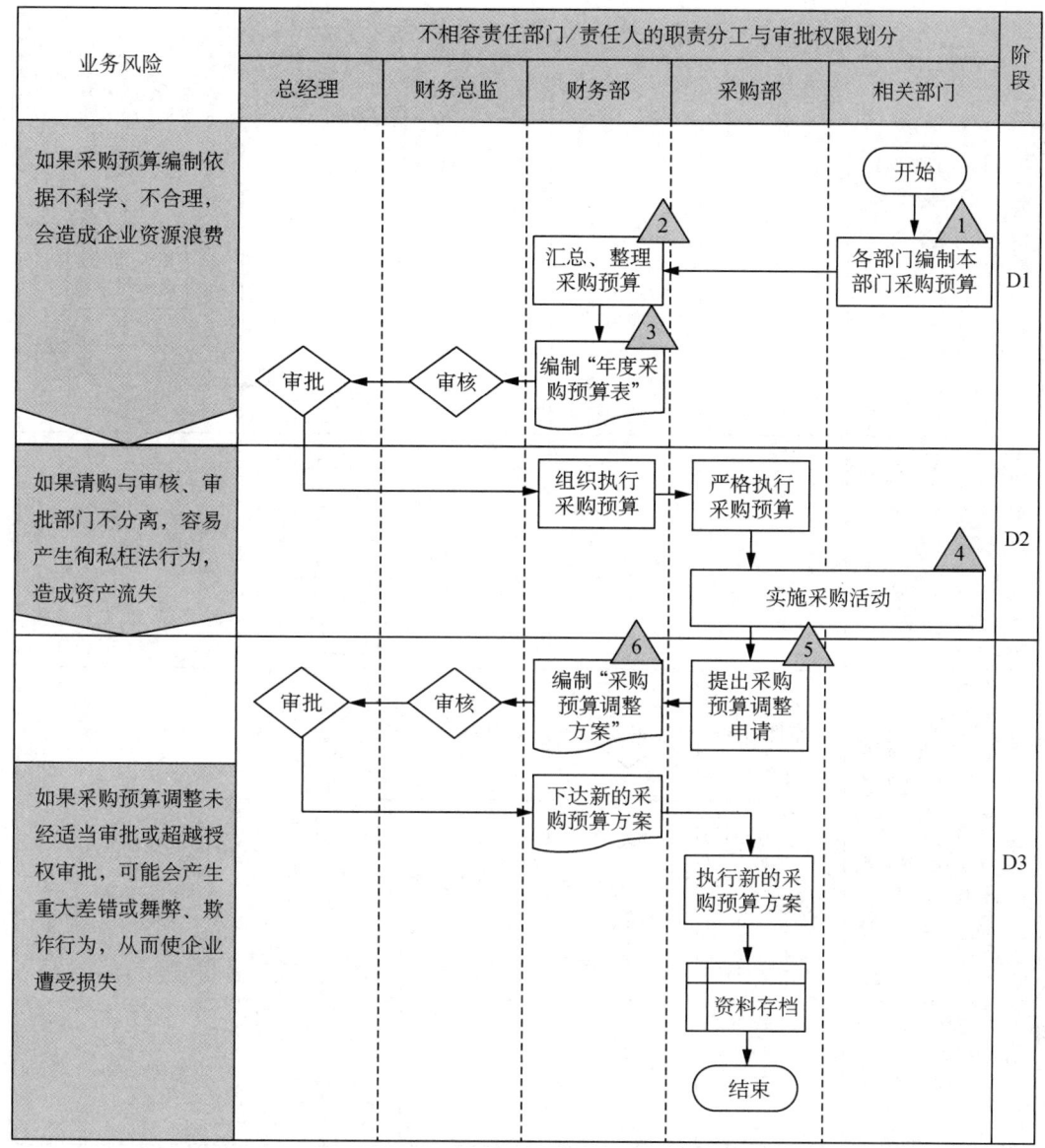

图 4-5 公司采购预算业务流程与风险控制图

（2）请购人员应根据库存量基准、用料预算及库存情况填写"采购申请单"，需要说明请购物资的名称、数量、需求日期、质量要求以及预算金额等内容。

（3）采购部核查采购物资的库存情况，检查该项请购是否在执行后又重复提出，以及是否存在不合理的请购品种和数量。

（4）如果采购专员认为采购申请合理，则根据所掌握的市场价格信息，在"采购申请单"上填写采购金额后呈交相关领导。

（5）采购事项在申请范围之外的，应由采购部经理、财务总监逐级审核，最终由总经理审批；在申请范围之内但超预算的，经采购部经理审核后，由财务总监和总经理审批；在采购预算之内的，采购部按照预算执行进度办理。

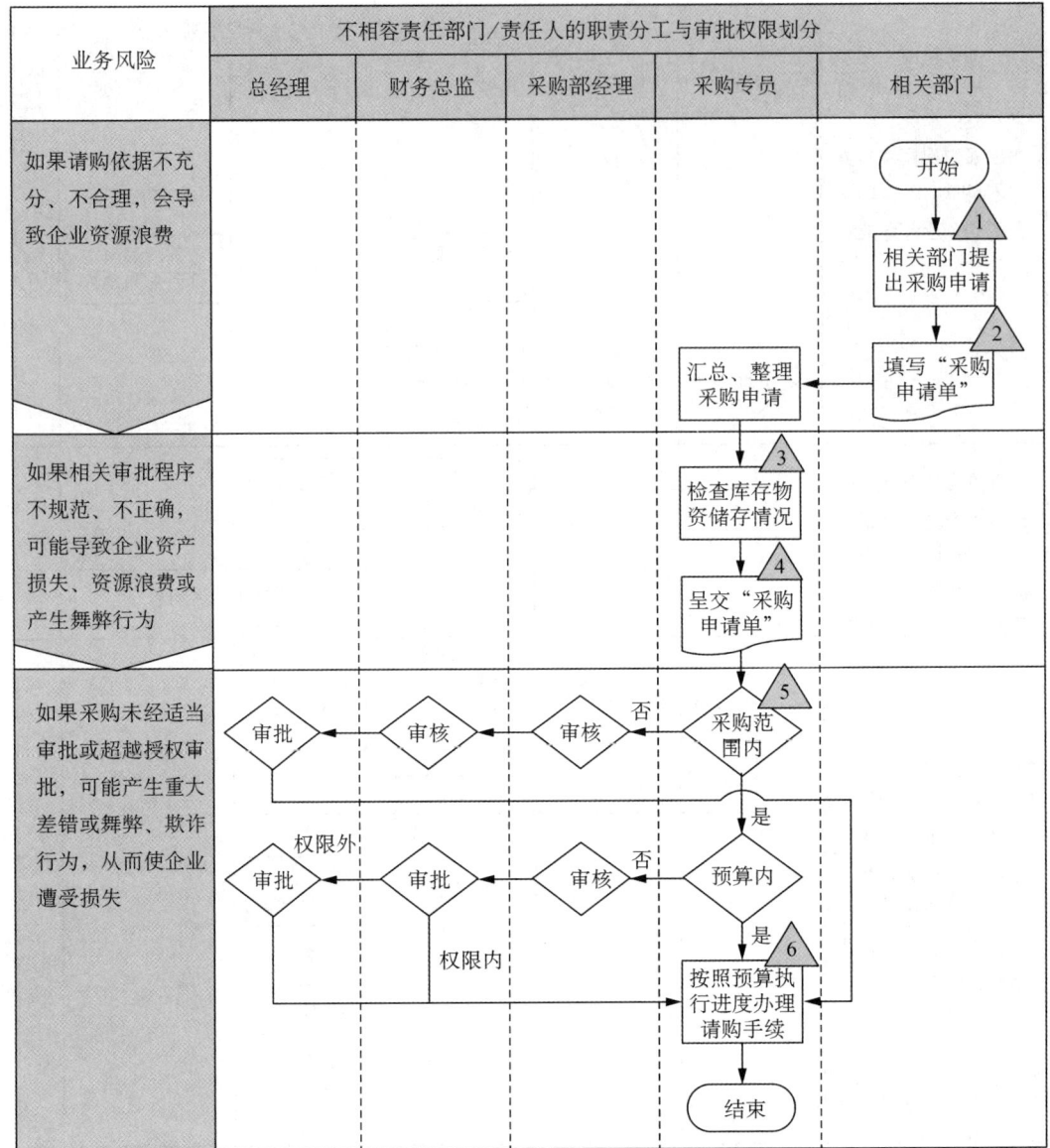

图 4-6 公司请购审批业务流程与风险控制图

（6）采购专员按照审批后的"采购申请单"进行采购。

七、公司采购与付款业务招标流程与风险控制

公司采购与付款业务招标流程与风险控制主要如图 4-7 所示。

根据图 4-7，该公司采购与付款业务招标流程与风险控制内容主要如下：

（1）采购部编制《采购招标书》，报采购部经理审核。

（2）采购部发布招标信息。

（3）收到供应商的资格审查文件后，对供应商资质、信誉等方面进行审查。

（4）向合格的供应商发售标书。

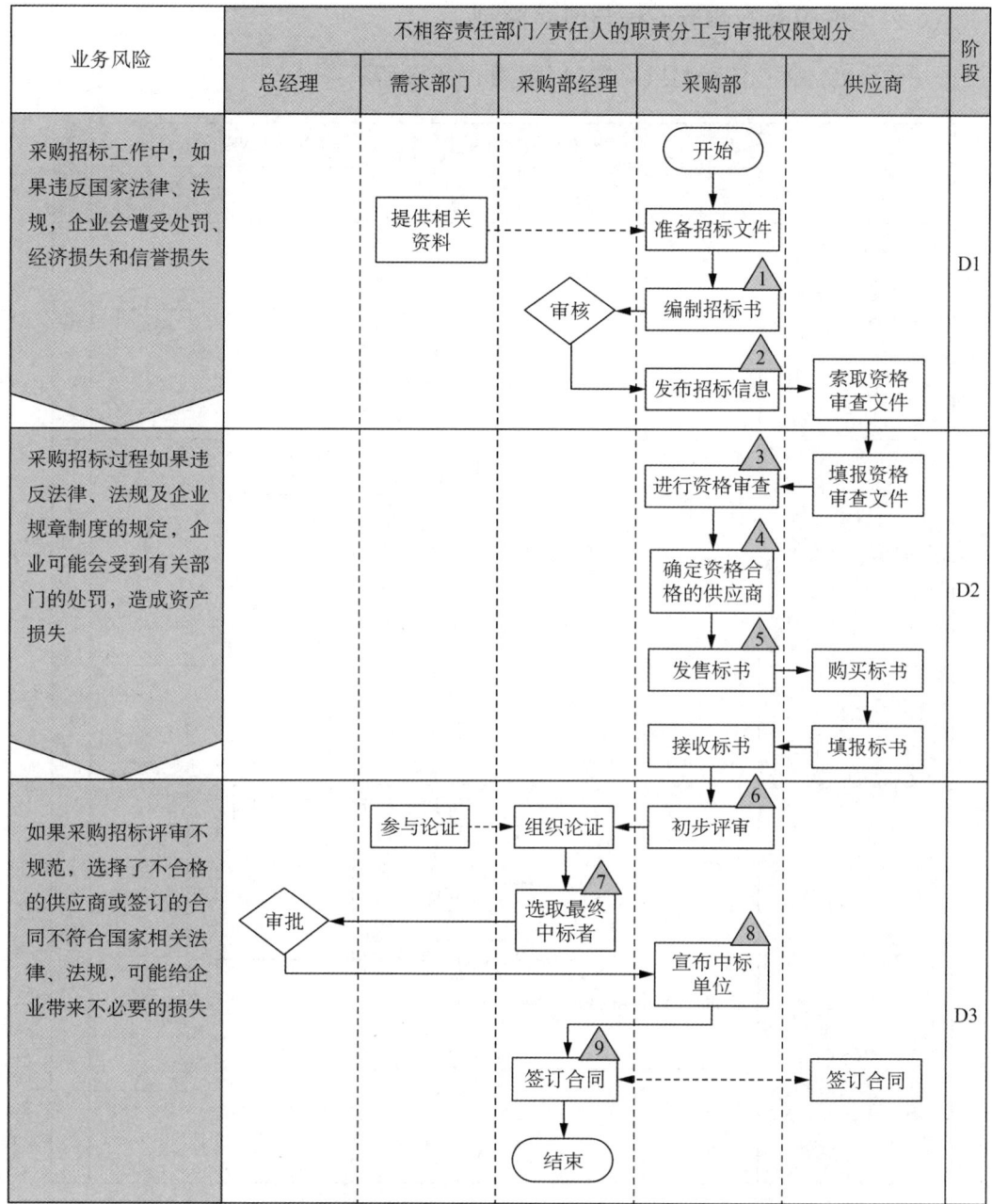

图 4-7　公司采购与付款业务招标流程与风险控制图

（5）对供应商的投标书进行初步审核。

（6）采购部经理组织需求部门、技术部门等相关人员对筛选通过的投标书进行论证，选出最终中标者。

（7）最终中标者经总经理签字确认后，由采购部相关人员宣布中标单位。

（8）向采购部经理代表招标方签订《采购合同》。

八、公司供应商的评选流程与风险控制

公司供应商的评选流程与风险控制主要如图 4-8 所示。

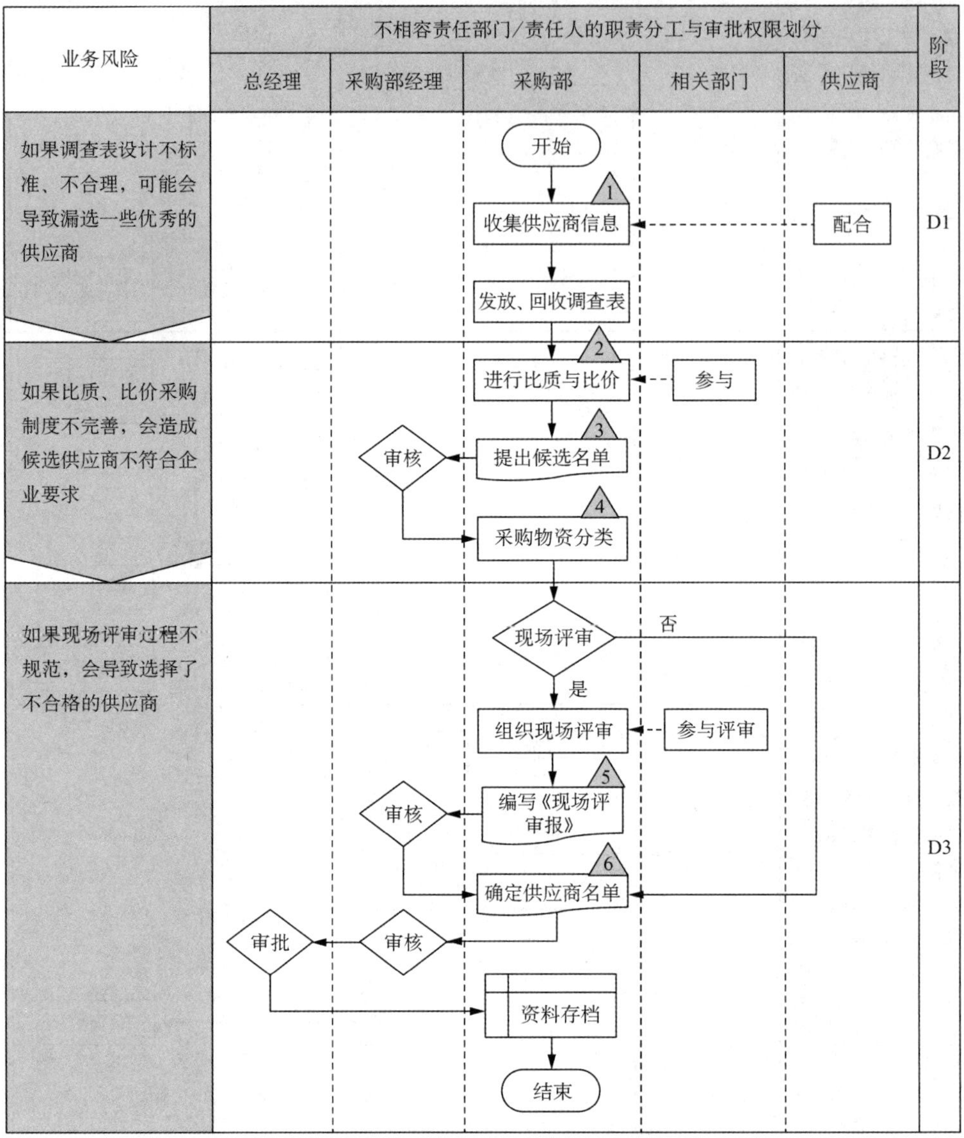

业务风险	不相容责任部门/责任人的职责分工与审批权限划分					阶段
	总经理	采购部经理	采购部	相关部门	供应商	
如果调查表设计不标准、不合理，可能会导致漏选一些优秀的供应商			开始 ① 收集供应商信息 ← 配合 / 发放、回收调查表		配合	D1
如果比质、比价采购制度不完善，会造成候选供应商不符合企业要求		审核	② 进行比质与比价 ←参与 ③ 提出候选名单 ④ 采购物资分类	参与		D2
如果现场评审过程不规范，会导致选择了不合格的供应商	审批	审核	现场评审 否/是 组织现场评审 ←参与评审 ⑤ 编写《现场评审报》 ⑥ 确定供应商名单 资料存档 结束	参与评审		D3

图 4-8　公司供应商的评选流程与风险控制图

根据图 4-8，该公司供应商的评选流程与风险控制内容主要如下：

（1）采购部通过面谈、调查问卷等不同途径收集供应商信息，主要包括供应商信誉、供货能力等方面的信息。

（2）采购部和使用部门参照企业比质、比价采购制度等相关文件，对供应商进行比质与比价。

（3）采购部根据比质与比价的结果，参照供应商选定标准，提出候选供应商名单，报采购部经理审核。

（4）采购部根据实际需要，判断是否需要组织现场评审。若需要，请购部门、生产部门、财务部门、仓储部门以及质检部门等相关部门参与；若不需要，可直接提出其等级排序名单。

（5）采购部汇总评价结果，并编写《现场评审报告》。

（6）采购部确定供应商名单，并报采购部经理审核、总经理审批。

九、公司材料采购业务招标流程与风险控制

公司材料采购业务招标流程与风险控制如图 4-9 所示。

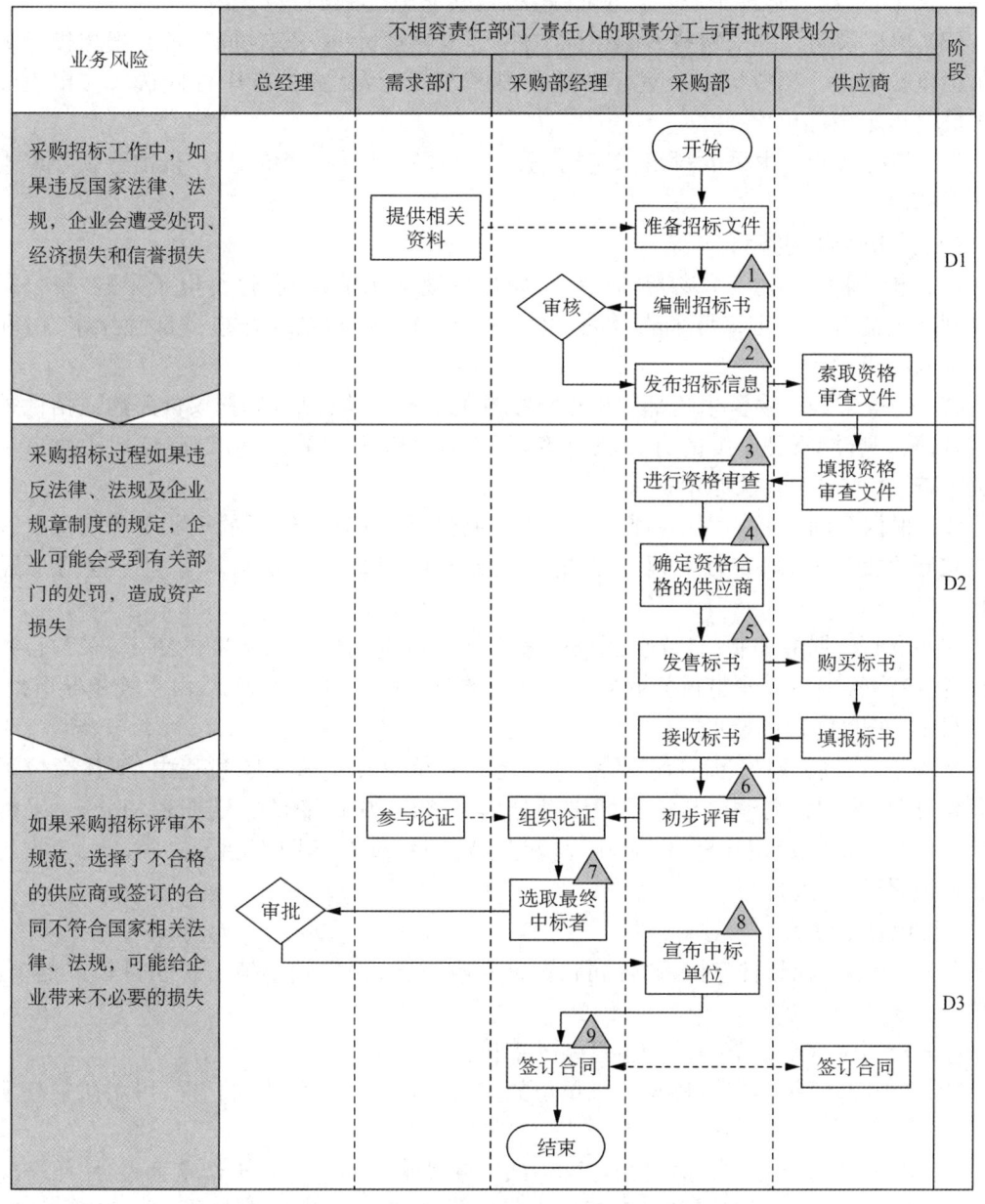

图 4-9 公司材料采购业务招标流程与风险控制

十、公司采购与付款业务内部控制制度的设计

（一）采购需求计划的确认

单独填报《物资采购需求计划表》，经物资采购管理部门审核后报主管领导审批。

（二）供应商和采购方式的确定

物资采购部门在采购计划中提出采购方式建议，电子商务部（装备管理部门）物资管理科计划岗审查，物资管理科负责人进行审批。

（1）电子采购。采购科采购员在合格供应商名单内选择供应商，生成电子请购单，经采购科长审核、物资管理中心主任审批确认后，实施电子采购。

（2）招标采购。由采购科编制招标文件，经与招投标办公室共同审核并报招投标管理委员会审核确认。招投标办公室接收标书、组织开标、评标并拟定中标候选人。招投标管理委员会审定中标单位。

（3）传统采购。由采购科组织实施，承办人员填写谈判、询价记录，报主管领导审查确定供应商。

（三）采购合同签订

（1）电子采购。物资采购部门根据已批准的物资采购计划，进行电子采购，按公司合同管理制度的有关规定签订采购合同，报相关处室审核（包括法律事务部独立审查）和公司主管领导审批。

（2）传统采购。物资采购部门根据已批准的物资采购计划，选择议价采购或招标采购方式，按公司合同管理制度的有关规定签订采购合同，报相关处室审核（包括法律事务部独立审查）和公司主管领导审批。

（3）根据合同金额的大小，规定不同的审批权限。5万元以下的采购由部门负责人和主管领导审批后实施，5万元以上的须经相关部门审核，50万元以上的须报请总经理审批。

（4）采购计划的编制由供应处负责，采购部门负责询价与供应商的审定、采购合同的签订、供应商管理与采购与付款业务。各环节的审核由相关部门完成，由主管领导审批。

（四）采购物资的验收

采购物资的验收按照存货验收程序执行。各单位在物资采购过程中，下述岗位须实行职责分离：采购计划编制与审批职责相分离；询价与供应商的审定职责相分离；采购合同的签订与审批职责相分离；供应商管理与采购与付款业务职责相分离；采购、验收与相关会计记录职责相分离。

（五）结算付款

（1）物资采购部门核对采购合同和物资验收情况，根据发票填写合同付款审批单，并经部门负责人审核签字。

（2）合同付款审批单等须经主管领导审批。

（3）财务部门每半年审核与往来单位的应付及预付款项的支付情况，填制往来款项确认表。

（4）财务部门会计核算岗依据经财务部门领导签批的预付款申请审批表，按照合同规定按预付申请已审核无误后的记账凭证支付预付款项。结算支付的其他审批程序按财务资产支付结算的相关控制制度执行。

（六）对采购信息系统增加手工控制

（1）对于特殊的物资管理系统，重要入库相关信息在采购订单中输入后，一般不再继续在入库环节输入其他信息，入库单直接由采购订单转换生成。本项控制措施，仅对于这类系统是关键控制。

（2）采购部门仓储管理岗对于输入物资管理系统的采购订单数据进行有效核对，确认输入物资管理系统的数据与纸面合同数据一致（需要把采购订单从物资管理系统中打印出来，与原始的物资采购合同明细进行人工检查核对及签章，签章后的采购订单归档保存）。

（3）仓储部门仓储管理岗对于在物资管理系统输入的入库信息需要与采购合同和实物进行有效核对，包括核对供应商、物资种类、数量等。可以根据实际情况选择以下两种控制活动之一：

① 每张入库单单独核对。保管员人工检查核对合同信息与实物情况后，将入库信息输入物资管理系统，打印入库单，核对入库单信息并签字。签字后的入库单与采购合同等原始单据一并保存，以便核查。

② 集中核对。每日或每周集中从物资管理系统中打印当日或当周入库信息明细汇总，与当日或当周所有入库原始单据进行比对，确认无误后签字。将签字后的入库明细归档以便核查。

采购部门仓储管理岗把物资管理系统输入的产品入库单打印出来，与物资入库单、采购合同、发票等原始单据进行有效核对，确认无误后签字保存。

（七）控制证据

该公司在采购与付款业务内部控制过程中主要涉及以下控制证据，分别有：物资采购需求计划表、电子采购订单、招标文件、招标评审会签单、技术交流及商务谈判会议纪要、采购合同、付款审批单、往来款项确认表、物资验收计量质检记录、物资入库验收单、签字的原始入库单据、系统中打印签字的入库单、入库明细表。

✎ **强化练习**

一、单项选择题

1. 下列选项中，不属于集中制采购制度优点的是（　　　）。

  A. 可以使企业获得规模效益

  B. 能降低采购和物流成本

  C. 易于稳定与供应商的关系，实现有效的长期合作

  D. 手续简单，过程短，直接快速

2. 采购申请单一般有多联，其中由申请采购部门留存的是（　　　）。

  A. 采购通知单　　　　B. 验收单　　　　C. 准购单　　　　D. 采购申请单

3. 下列各项中，不属于采购市场调查方法的是（　　　）。

  A. 询问法　　　　B. 观察法　　　　C. 实验法　　　　D. 判断法

4. 设计调查表格属于采购市场调查过程中的（　　　）。

  A. 调查实施阶段　　　　　　　　B. 调查准备阶段

C. 调查结果处理阶段   D. 收集调查资料阶段

5. "你认为本单位采购的物资质量怎样？①优（ ）；②良（ ）；③一般（ ）。请根据你单位的看法在括号中打√号。"这是属于询问调查技术中的（ ）。

    A. 多项选择法   B. 评定法   C. 顺位法   D. 自由回答法

6. 因用途不同，订购单可分为多联，其中由供应商签字确认后寄回给企业的为（ ）。

    A. 厂商联   B. 物料联   C. 承办联   D. 回执联

7. 订购单一般可分为五联，其中承办联（第五联）是（ ）。

    A. 厂商交货时的凭证   B. 用于控制库存量及验收

    C. 由厂商签认后寄回   D. 制发订购单的单位自存

8. 下列描述中，对分散制采购制度缺点解释错误的是（ ）。

    A. 权力分散，不利于采购成本的有效降低

    B. 决策层次低，易于暗箱操作

    C. 难以适应零星、地域性及紧急采购状况

    D. 管理不善将会造成供应中断，影响生产活动正常进行

9. 企业库存控制水平和科学化程度，主要取决于（ ）的工作。

    A. 采购部门   B. 财务部门   C. 营销部门   D. 人事部门

10. （ ）是采购作业的起点。

    A. 采购订单   B. 采购申请单   C. 采购计划   D. 采购合同

二、判断题

1. 在采购流程的设计中，请购、采购、验收、付款等权责可由一个部门统一安排。 （ ）

2. 只有在初评中确定为基本合格的投标，才有资格进入详细评定和比较阶段。 （ ）

3. 谈判方式适合各种类型的采购。 （ ）

4. 采购调查表的设计效果如何，对调查结果的质量有间接的影响。 （ ）

5. 采购管理着眼于组织内部、组织和供应商之间构建和持续改进采购过程。 （ ）

6. 产品的质量与供应商关系不大。 （ ）

7. 采购是企业经营的一个核心环节，是企业获取利润的重要来源。 （ ）

8. 在请购过程中，一般物料均由仓储单位开出采购申请单，但是属于存量管制的物料则由使用单位开出采购申请单。 （ ）

9. 企业在必要时可由资信调查公司进行财务状况、信用等级调查。 （ ）

10. 货物验收是指货物到达采购地点时所进行的清点检验和接收工作。 （ ）

三、分析题

1. 当某公司决定采用成本节约的方案来提高企业的利润时，在采购活动中，物流管理人员看到了大幅削减成本的希望，包括：物料运输的时间安排、确定货源和购买数量以及设定销售条件等。也就是说，关键问题是：采购多少？何时购买？在哪里购买（发货地点）？发运物料的重量、形态和规格应该是多少？因为他们意识到购入物料的开支要占总开支的50%以上，而其中供应商处于降低成本的焦点位置。现将公司的战略归纳为以下几方面：

    (1) 收集现有供应商的资料。整理和更新现有供应商的资料，包括所提供的产品质量、公司的供应能力、产品价格等相关信息。

(2) 重新就合同进行谈判。给供应商寄信,要求其降低 5% 的价格或者更多,对于那些拒绝降价的供应商,取消合同,重新组织投标。

(3) 提供帮助。向供应商派驻专家小组,帮助他们进行生产重组,并提出其他提高生产率的建议;和供应商一起努力简化零部件设计,降低生产成本。

(4) 不断施加压力。为了保证改进措施不断涌现,设定每年的全面成本削减目标,通常为 1 年 5% 或者更多。

(5) 减少供应商数量。大幅度减少供应商的数量,有时减幅可高达 80%;对于那些致力于提高规模经济的供应商,则增加对其产品的购买。

试问:

(1) 影响企业提高利润的因素有哪些? 请分析该案例中公司节约成本提高利润的重点。

(2) 如果你是该公司的经理,你会从哪方面着手来提高企业的利润? 请说明理由。

2. 沈某在担任北京 A 公司工程处主任期间,向他人索要空白合同及商业零售发票,伪造购销合同,虚构了购买 350 万元电力电缆的交易,并指令保管员填写虚假的材料入库单,又用写有 150 万元和 200 万元的两张空白发票平账,并到财务处报销。

从以上信息可看出,沈某之所以能贪污 350 万元,是因为其自身存在道德问题,还因为 A 公司采购流程存在严重问题。试分析 A 公司采购流程存在哪些内部控制问题。

🏠 素养园地

赌饼破家

从前有一对夫妇,家里有三个饼。夫妇俩一起分着吃,你一个,我一个,最后还剩下一个。他俩相约说:"如果谁先说话,就不能吃这个饼。"从此,为了得到那一个饼,两个人谁也不敢开口讲话了。

过了不一会儿,有个盗贼溜进屋里,偷了他们家的财物。直到盗贼把东西全都偷光,夫妇俩因为先前有约,眼睁睁看着财物被丢光,谁也不愿开口讲话。

盗贼看到没人说话,便当着那丈夫的面辱骂他的妻子。那丈夫两眼直瞪着还是不肯讲话。妻子急了,高声叫喊有贼,并恼怒地对丈夫说:"你怎么这样傻啊,为了一个饼,眼看着贼偷东西、骂我也不叫喊。"丈夫高兴地跳了起来,拍着手笑道:"哈哈,你先开口讲话了,这个饼属于我了!"

在这个故事中,这对夫妻不懂得分析主要矛盾(盗贼进宅)、次要矛盾(夫妻赌饼),而一味地纠缠于早先的约定,结果因小失大。

抓住主要矛盾,其他问题就可以迎刃而解。企业采购与付款业务内部控制过程中,由于业务流程中涉及的环节较多,不同环节之间不可避免存在矛盾,所以我们需要懂得分析主要矛盾和次要矛盾,并通过抓主要矛盾,精准定位各环节的关键风险点,从而提出及时有效的关键控制措施,帮助企业更好地长远发展。

项目五　资产管理业务内部控制

思维导图

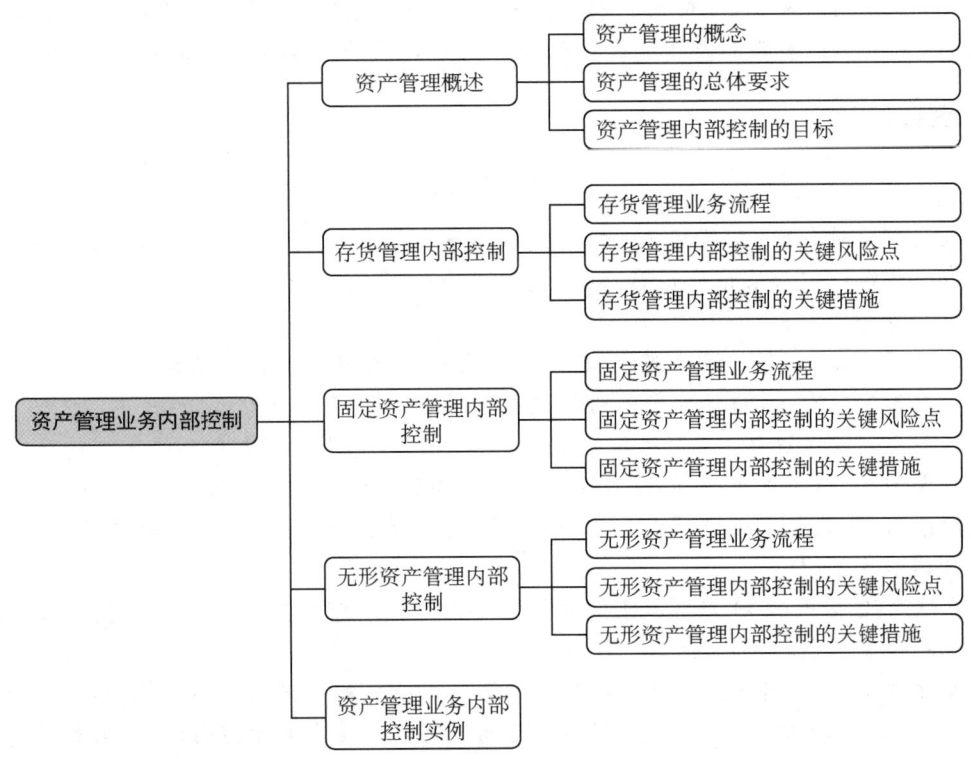

```
资产管理业务内部控制 ┬─ 资产管理概述 ┬─ 资产管理的概念
                   │              ├─ 资产管理的总体要求
                   │              └─ 资产管理内部控制的目标
                   │
                   ├─ 存货管理内部控制 ┬─ 存货管理业务流程
                   │                  ├─ 存货管理内部控制的关键风险点
                   │                  └─ 存货管理内部控制的关键措施
                   │
                   ├─ 固定资产管理内部 ┬─ 固定资产管理业务流程
                   │  控制            ├─ 固定资产管理内部控制的关键风险点
                   │                  └─ 固定资产管理内部控制的关键措施
                   │
                   ├─ 无形资产管理内部 ┬─ 无形资产管理业务流程
                   │  控制            ├─ 无形资产管理内部控制的关键风险点
                   │                  └─ 无形资产管理内部控制的关键措施
                   │
                   └─ 资产管理业务内部
                      控制实例
```

学习目标

知识目标

(1) 理解资产管理的概念及总体要求。

(2) 掌握资产管理的业务流程。

(3) 理解资产管理内部控制的目标。

(4) 理解资产管理内部控制的关键风险点。

(5) 理解资产管理内部控制的管控措施。

💬 能力目标

(1) 能够梳理存货、固定资产、无形资产的业务流程。

(2) 能够分析评估资产管理内部控制的关键风险点。

(3) 能够针对资产管理内部控制的关键风险点实施管理和控制。

💬 素养目标

(1) 培养爱岗敬业、勤勉尽责、精益求精的职业精神。

(2) 培养遵纪守法、廉洁自律、忠于职守的职业素养。

📋 案例导入

消失的废旧物资

2003 年年初,中国航天科工集团柳州长虹机器制造公司审计处在进行公司 2002 年内部审计中发现这样一个反常现象:公司 2001 年、2002 年的民品销售收入分别为 4 563 万元、5 323 万元,呈上升趋势;财务反映的废旧物资销售的数量分别是 863 吨、510 吨,废旧物资销售的收入分别是 78 万元、45 万元,呈下降趋势。正常情况下,生产过程中发生的边角料等废旧物资应该与生产规模同比例增长或下降,为什么财务数据反映的却是不合理的趋势呢? 带着疑问,审计处对公司物资处废旧物资的回收、销售、收款等情况进行了重点审计。经审计,发现物资处处长、综合室主任、仓库主任、废旧回收站站长、计划员等人为了小团体的利益,擅自出售、截留废旧物资 81.5 吨,款项 91 200 元,截至审计时,已经将私自出售和截留的销售收入私分 50 605.8 元(涉及 63 人,每人 500 元至 2 000 元不等),同时擅自降价销售废旧物资,造成损失 1.4 万元。

其舞弊的手法如下:

(1) 擅自出售废旧物资。主要是与租赁公司厂房的湖南个体经营者串通,擅自将废旧物资销售给没有业务来往,也没有签订合同的个体经营者,并要求其将销售货款不交财务而直接交物资处;私自销售的废旧物资,由湖南个体经营者以自己在锻工房加工的少许产品掩盖,或以其加工的产品或废料,堂而皇之地办理出门手续。

(2) 擅自截留出售废旧物资款。主要是通过与签有合同业务的柳州个体经营者截留收入,物资处处长要求柳州个体经营者在销售废旧物资过程中,只将一部分销售的废旧物资款交财务,另一部分销售废旧物资款则截留下来,交到物资处作小金库。

(3) 收买门卫。为了能将违规销售的废旧物资顺利运出门,物资处处长指使综合室主任,给予门卫钱、物等好处,致使门卫在废旧物资被运出门时,违规放行。

(4) 擅自决定降价。物资处处长明知废旧物资销售及其销价变动要经过有关部门审核并履行合同手续,但却擅自降低废旧物资销售价格,造成损失 1.4 万元。

思考：

如何通过内部控制措施减少上述舞弊行为的发生？

知识准备

任务一 资产管理概述

一、资产管理的概念

资产是企业重要的经济资源和物质基础。我国《企业内部控制应用指引第 8 号——资产管理》中所称资产，是指企业拥有或控制的存货、固定资产和无形资产。《企业内部控制基本规范》将合理保证资产安全作为内部控制目标之一，体现了资产管理的重要性，在现代企业制度下，资产管理已从如何防范资金挪用、非法占用和实物资产被盗拓展到重点关注资产效能，充分发挥资产资源的物质基础作用，即在保障资产安全的前提下，提高资产使用效能，优化企业生产经营并促进企业发展战略的实现。

二、资产管理的总体要求

企业应当从国内外市场、同行业技术水平和现代化管理角度，分析本企业资产管理现状，全面梳理各项资产管理中的薄弱环节，切实采取改进措施，并关注资产减值迹象，合理确定资产减值损失，不断提高企业资产管理水平。

（一）全面梳理资产管理流程

梳理资产管理流程，应当贯穿各类存货、固定资产和无形资产从"进入到退出"的各个环节。比如，对存货通常可以从验收入库、仓储保管、出库、盘点和处置等环节进行梳理。梳理存货、固定资产和无形资产管理流程，不仅要对照现有管理制度，检查相关管理要求是否落实到位，还应当审视相关管理流程是否科学合理、各项资产是否最大限度地发挥了应有的效能等。

（二）明确资产管理关键风险点

通过全面梳理资产管理流程，明确资产管理薄弱环节及关键风险点，是强化企业资产管理的重要步骤。资产管理指引指出应重点关注以下风险：一是存货积压或短缺，可能导致流动资金占用过量、存货价值贬损或生产中断；二是固定资产更新改造不够、使用效能低下、维护不当、产能过剩，可能导致企业缺乏竞争力、资产价值贬损、安全事故频发或资源浪费；三是无形资产缺乏核心技术、权属不清、技术落后、存在重大技术安全隐患，可能导致企业法律纠纷、缺乏可持续发展能力。

（三）健全和落实资产管控措施

在全面梳理资产管理流程、明确薄弱环节及关键风险点之后，企业应当对发现的问题进行归类整理，深入分析，查找原因，健全和落实相关措施。属于缺乏相关资产管理制度的，应当建立健全相关制度；属于现行管理制度不健全的，应当对现行制度予以补充完善；属于现行制度执行不到位的，应当加大制度执行力，避免形式主义。在激烈的竞争中，企业只有科学管理，强化管控措施，确保各项资产安全并发挥效能，才能防范资产风险，提升核心竞争力,实现战略发展目标。

三、资产管理内部控制的目标

(一)保证资产取得的合理性

取得资产一般会发生资金流出,影响企业的资金流量和经济效益,因此取得资产是资产管理控制的第一步。企业取得资产的采购和决策程序必须是科学合理的,避免盲目取得资产造成资金占用及存货积压等问题。

(二)保证资产会计核算的准确性

资产是企业报表的重要构成项目,其会计核算的准确与否直接影响资产负债表和利润表的数据填列,例如,存货发出计价有先进先出法、加权平均法、个别计价法等,不同计价方法会影响报表中的存货金额及利润大小,企业要按照国家统一的会计准则制度进行会计核算。再如,固定资产和无形资产折旧和摊销、资产减值测试及计提等,都需要合理合法,防止被用来操纵利润。

(三)保障资产的安全完整

资产管理的基本目标之一是保障资产的安全完整,如存货流动性强,在购买、验收入库、发出、盘点等环节较多,形态在不断转换,要对各环节进行有效控制,防止出现资产被盗、毁损和流失等问题。

任务二 存货管理内部控制

企业的存货主要包括原材料、在产品、产成品、半成品、商品及周转材料等,不同类型的企业有不同的存货业务特征和管理模式。即使在同一企业中,不同类型存货的业务流程和管控方式也可能不尽相同。建立和完善存货内部控制制度,必须结合本企业的生产经营特点,针对业务流程中的主要风险点和关键环节,制定有效的控制措施;同时,充分利用计算机信息管理系统,强化会计、出入库等相关记录,确保存货管理全过程的风险得到有效控制。

一、存货管理业务流程

存货管理的业务流程如图 5-1 所示。

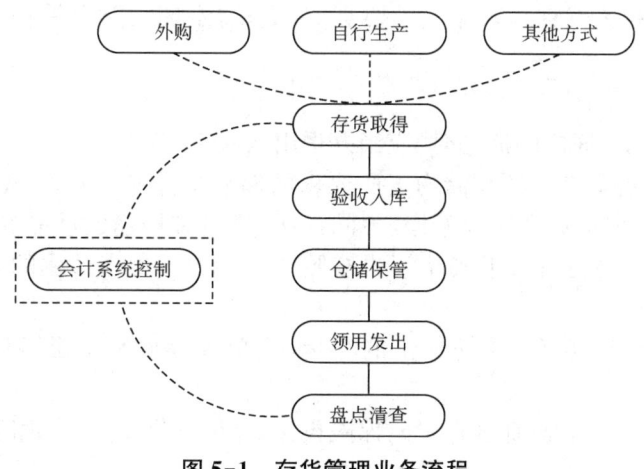

图 5-1 存货管理业务流程

二、存货管理内部控制的关键风险点

（1）存货预算编制不科学、采购计划不合理，可能导致存货积压或短缺。

（2）验收程序和方法不规范、标准不明确，可能导致数量克扣、以次充好、账实不符。

（3）存货仓储保管方法不适当、监管不严密，可能导致存货被盗、损坏变质、价值贬损、资源浪费。

（4）存货的领用、发出审核不严格、手续不完备，可能导致货物流失。

（5）存货盘点清查制度不完善、计划不可行，可能导致工作流于形式、无法查清存货真实状况。

（6）会计账目记录有误，造成存货数据失真；存货计价错误，导致成本不准确；账实不符，造成潜亏或潜盈。

三、存货管理内部控制的关键措施

（一）取得存货环节

企业存货管理实务中，应当根据各种存货采购间隔期和当前库存，综合考虑企业生产经营计划、市场供求等因素，充分利用信息系统，合理确定存货采购日期和数量，确保存货处于最佳库存状态。具体内容见采购业务内部控制项目。

（二）验收入库环节

企业应当重视存货验收工作，规范存货验收程序和方法，重点做好以下工作。

（1）外购存货的验收应当重点关注合同、发票等原始单据与存货的实际数量、质量、规格等核对一致。涉及技术含量较高的货物，必要时可委托具有检验资质的机构或聘请外部专家协助验收。

（2）自制存货的验收，应当重点关注产品质量，通过检验合格的半成品、产成品才能办理入库手续，出现不合格品应及时查明原因、落实责任并报告处理。

（3）以其他方式取得存货的验收，应当重点关注存货来源、质量状况、实际价值是否符合有关合同或协议的约定。

经验收合格的存货，进入入库或销售环节。仓储部门对于入库的存货，应根据入库单的内容对存货的数量、质量、品种等进行检查，符合要求的，予以入库；不符合要求的，应当及时办理退换货等相关事宜。入库记录要真实、完整，定期与财会等相关部门核对，不得擅自修改。

（三）仓储保管环节

（1）存货在不同仓库之间流动时，应当办理出入库手续。

（2）存货仓储期间，要按照仓储物资所要求的储存条件妥善贮存，做好防火、防洪、防盗、防潮、防病虫害、防变质等保管工作，不同批次、型号和用途的产品要分类存放。生产现场的再加工原料、周转材料、半成品等要按照有助于提高生产效率的方式摆放，同时防止浪费、被盗和流失。

（3）对代管、代销、暂存、受托加工的存货，应单独存放和记录，避免与本单位存货混淆。

（4）结合企业实际情况，加强存货的保险投保，保证存货安全，合理降低存货意外损失

微课：资产管理控制概述

风险。

（5）仓储部门应对库存物料和产品进行每日巡查和定期抽检，详细记录库存情况；发现毁损、存在跌价迹象的，应及时与生产、采购、财务等相关部门沟通。对于进入仓库的人员应办理进出登记手续，未经授权人员不得接触存货。

（四）领用发出环节

企业应当根据自身的业务特点，确定适用的存货发出管理模式，制定严格的存货准出制度，明确存货发出和领用的审批权限，健全存货出库手续，加强存货领用记录。

微课：存货内部控制关键点——存货仓储保管、领用发出

（1）对于一般的生产企业，仓储部门应核对经过审核的领料单或发货通知单的内容，做到单据齐全，名称、规格、计量单位准确；符合条件的，准予领用或发出，并与领用人当面核对、点清交付。

（2）对商场超市等商品流通企业，在存货销售发出环节应侧重于防止商品失窃、随时整理弃置商品、每日核对销售记录和库存记录等。

无论是何种企业，对于大批存货、贵重商品或危险品的发出，均应当实行特别授权；仓储部门应当根据经审批的销售（出库）通知单发出货物。

（五）盘点清查环节

企业应当建立存货盘点清查工作规程，结合本企业实际情况确定盘点周期、盘点流程、盘点方法等相关内容，将定期盘点和不定期抽查相结合。

（1）盘点清查时，应拟定详细的盘点计划，合理安排相关人员，使用科学的盘点方法，保持盘点记录的完整，以保证盘点的真实性、有效性。

（2）盘点清查结果要及时编制盘点表，形成书面报告，详细填写盘点人员、时间、地点和实际所盘点存货名称、品种、数量、存放情况，以及盘点过程中发现的账实不符情况等内容。

（3）对盘点清查中发现的问题，应及时查明原因，落实责任，按照规定权限报经批准后处理。多部门人员共同盘点，相互制衡，严格按照盘点计划，认真记录盘点情况。

此外，企业至少应当于每年年度终了时开展全面存货盘点清查，及时发现存货减值迹象，将盘点清查结果形成书面报告。

例题 5-1 （案例分析题）

"奇葩"小偷

2014年3月16日，瓯海景山派出所接事主梁先生报案，称在自己出差的一周里，存放在市区西山东路一间仓库里的2 000多箱、价值近17万元的凉茶饮品不翼而飞。梁先生是做饮料批发生意的，称这间仓库是用来堆放各种饮料的，平常没听说有人会偷饮料，所以梁先生没有雇仓库保管员，只是上了一把大锁。

接警派出所迅速派员前往现场勘查。依据常理，窃贼要在短时间内将2 000多箱饮料一搬而空，至少需要多人合谋，并要借助大型运输工具才行，但经警方调查，在案发前后，仓库周边并无发现相应的盗窃团伙踪迹及可疑车辆行踪。唯一让人疑惑不解的是，在仓库外扔满了废弃的饮料瓶盖，还有一些零碎的饮品包装纸。经警员走访调查发现，原西山东路一旧城改造部的巡逻队员张某有重大作案嫌疑，据周边群众反映，在案发前后，曾看到张某在仓库外向三名废品收购者兜售饮料空瓶。

7月19日,张某在浙江金华被警方抓获。张某供述,2014年3月份中旬的一天早上,自己在巡逻时看见仓库并未上锁,门打开着,出于好奇,他朝仓库里看,发现里面存放着很多饮料。见四下无人,他便萌生将饮料占为己有的想法。但苦于没有运输手段,张某便想到倒掉饮料,卖空瓶赚钱的"歪招"。随后,三名废品收购人员被张某纳入了"倒凉茶"大军。在叫废品收购人员上门倒凉茶收空瓶时,张某刻意隐瞒了凉茶的来源。出于眼前3万多个空瓶的"大生意",三名废品收购者也放下了对张某的警惕。

在经历将近12个小时的"倒凉茶大业"后,2 000多箱价值17万元的凉茶最终变成了空瓶,而张某因此仅获利115元。

请思考梁先生是否可以通过内部控制措施避免上述损失的发生?

解析: 如果梁先生能重视存货的仓储保管,将饮品存放在有人看管的仓库,或加强现有仓库存货仓储管理的控制,便可以避免上述损失的发生。

(六)岗位分工与授权审批

企业应当明确存货管理的岗位责任制,明确相关部门和岗位的职责权限,确保办理存货业务的不相容岗位相互分离、制约和监督。存货业务的不相容岗位至少应包括:

(1)存货的请购、审批与执行。

(2)存货的采购、验收与付款。

(3)存货的保管与会计记录。

(4)存货发出的申请、审批与记录。

(5)存货处置的申请、审批与记录。

企业应当对存货业务建立严格的授权审批制度,明确审批人对存货业务的授权审批方式、权限、程序,规定经办人办理存货业务的职责范围和工作要求。

(七)会计系统控制

财务部门应根据原始凭证对各环节存货数量和金额进行及时登记;并定期与仓储部门核对,确保账实相符;对于账实不符或减值现象,及时进行会计处理。

任务三 固定资产管理内部控制

固定资产主要包括房屋、建筑物、机器、机械、运输工具,以及其他与生产经营活动有关的设备、器具、工具等。固定资产属于企业的非流动资产,是企业开展正常生产经营活动必要的物资条件,其价值随着企业生产经营活动逐渐转移到产品成本中。固定资产的安全、完整直接影响企业生产经营的可持续发展能力。

一、固定资产管理业务流程

固定资产管理业务流程如图5-2所示。

二、固定资产管理内部控制的关键风险点

(1)新增固定资产验收程序不规范,可能导致资产质量不符合要求、进而影响资产运行;固定资产投保制度不健全,可能导致应投保资产未投保、索赔不力,不能有效防范资产

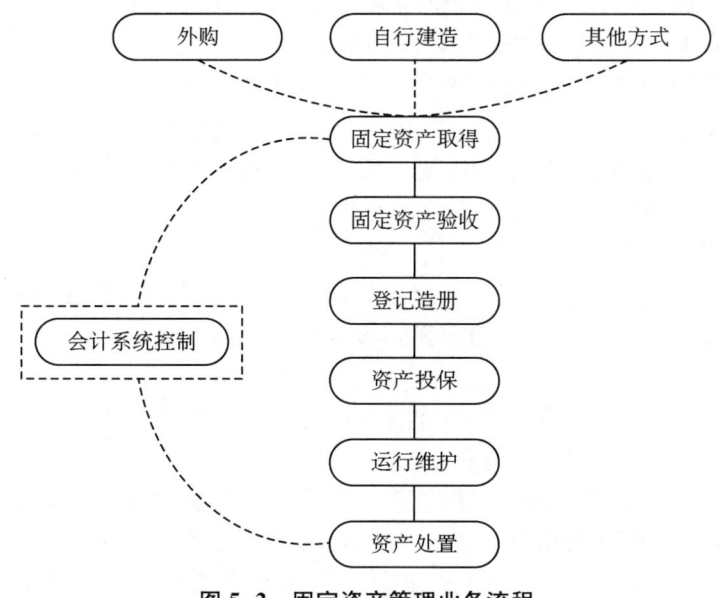

图 5-2 固定资产管理业务流程

损失风险。

（2）固定资产使用、维护不当、失修或维护过剩,可能造成资产使用效率低下、产品残次率高,甚至发生生产事故或资源浪费。

（3）固定资产处置方式不合理,可能造成经济损失。

（4）会计记录和处理不及时、不准确,不能反映固定资产的实际情况,可能导致资产流失、资产信息失真、账实不符。

三、固定资产管理内部控制的关键措施

（一）固定资产取得环节

（1）企业外购固定资产应当根据合同、供应商发货单等对所购固定资产的品种、规格、数量、质量、技术要求及其他内容进行验收,出具验收单,编制验收报告。

（2）企业自行建造的固定资产,应由建造部门、固定资产管理部门、使用部门共同填制固定资产移交使用验收单,验收合格后移交使用部门投入使用。

（3）未通过验收的不合格资产,不得接收,必须按照合同等有关规定办理退换货或实施其他弥补措施。对于具有权属证明的资产,取得时必须具有合法的权属证书。

微课：固定
资产内部
控制关键
点——取得、
运行维护

（二）固定资产投保环节

企业应当通盘考虑固定资产状况,根据其性质和特点,确定和严格执行固定资产的投保范围和政策。投保金额与投保项目力求适当,对应投保的固定资产项目按规定程序进行审批,办理投保手续,规范投保行为,应对固定资产损失风险。对于重大固定资产项目的投保,应当考虑采取招标方式确定保险人,防范固定资产投保舞弊。已投保的固定资产发生损失的,及时调查原因及受损金额,向保险公司办理相关的索赔手续。

（三）固定资产登记造册环节

（1）根据固定资产的定义,结合自身实际情况,制定适合本企业的固定资产目录,列明

固定资产编号、名称、种类、所在地点、使用部门、责任人、数量、账面价值、使用年限、损耗等内容,有利于企业了解固定资产使用情况的全貌。

（2）按照单项资产建立固定资产卡片。固定资产卡片应在资产编号上与固定资产目录保持对应关系,详细记录各项固定资产的来源、验收、使用地点、责任单位和责任人、运转、维修、改造、折旧、盘点等相关内容,便于固定资产的有效识别。固定资产目录和卡片均应定期或不定期复核,保证信息的真实和完整。

（四）固定资产运行维护环节

（1）固定资产使用部门会同资产管理部门负责固定资产日常维修、保养,将资产日常维护流程体制化、程序化、标准化,定期检查,及时消除风险,提高固定资产的使用效率,切实消除安全隐患。

（2）固定资产使用部门及管理部门建立固定资产运行管理档案,并据以制定合理的日常维修和大修理计划,并经主管领导审批。

（3）企业生产线等关键设备的运作效率与效果将直接影响企业的安全生产和产品质量,操作人员上岗前应由具有资质的技术人员对其进行充分的岗前培训。特殊设备实行岗位许可制度,须持证上岗。必须对资产运转进行实时监控,保证资产使用流程与既定操作流程相符,确保安全运行,提高使用效率。

（五）固定资产更新改造环节

（1）定期对固定资产进行技术先进性评估,结合盈利能力和企业发展可持续性,资产使用部门根据需要提出技改方案,与财务部门一起进行预算可行性分析,并且报经管理部门审核批准。

（2）管理部门须对技改方案实施过程适时监控、加强管理;有条件的企业应建立技改专项资金并进行定期或不定期审计。

（六）固定资产清查盘点环节

（1）企业应当建立固定资产清查制度,至少每年进行一次全面清查。

（2）清查结束后,清查人员需要编制清查报告,管理部门对清查报告进行审核,确保真实性、可靠性。

（3）清查过程中发现的盘盈（盘亏）,应分析原因,追究责任,妥善处理,报告审核通过后及时调整固定资产账面价值,确保账实相符,并上报备案。

（七）固定资产抵押质押环节

（1）加强固定资产抵押、质押的管理,明晰固定资产抵押、质押流程,规定固定资产抵押、质押的程序和审批权限等,确保资产抵押、质押经过授权审批及适当程序。同时,应做好相应记录,保障企业资产安全。

（2）财务部门办理资产抵押时,如需要委托专业中介机构鉴定评估固定资产的实际价值,应当会同金融机构有关人员、固定资产管理部门、固定资产使用部门现场勘验抵押品,对抵押资产的价值进行评估。对于抵押资产,应编制专门的抵押资产目录。

（八）固定资产处置环节

（1）对使用期满、正常报废的固定资产,应由固定资产使用部门或管理部门填制固定资产报废单,经授权部门或人员批准后对该固定资产进行报废清理。

（2）对使用期限未满、非正常报废的固定资产,应由固定资产使用部门提出报废申请,注明报废理由、估计清理费用和可回收残值、预计处置价格等。企业应组织有关部门进行技术鉴定,按规定程序审批后报废清理。

(3) 对拟出售或投资转出及非货币交换的固定资产,应由有关部门或人员提出处置申请,对固定资产价值进行评估,并出具资产评估报告。报经企业授权部门或人员批准后予以出售或转让。企业应特别关注固定资产处置中的关联交易和处置定价。固定资产的处置应由独立于固定资产管理部门和使用部门的相关授权人员办理,固定资产处置价格应报经企业授权部门或人员审批后确定。对于重大固定资产处置,应当考虑聘请具有资质的中介机构进行资产评估,采取集体审议或联签制度。涉及产权变更的,应及时办理产权变更手续。

(4) 对出租或出借的固定资产,由相关管理部门提出出租或出借的申请,写明申请的理由和原因,并由相关授权人员和部门就申请进行审核。审核通过后,应签订出租或出借合同,包括合同双方的具体情况、出租的原因和期限等内容。

(九) 岗位分工与授权审批

企业应当明确固定资产管理的岗位责任制,明确相关部门和岗位的职责权限,确保办理固定资产业务的不相容岗位相互分离、制约和监督。固定资产业务的不相容岗位至少应包括:

(1) 固定资产投资预算的编制与审批。

(2) 固定资产投资预算的审批与执行。

(3) 固定资产采购、验收与款项支付。

(4) 固定资产投保的申请与执行。

(5) 固定资产处置的审批与执行。

(6) 固定资产取得与处置业务的执行与相关会计记录。

企业应当对固定资产业务建立严格的授权审批制度,明确授权审批的方式、权限、程序,规定经办人的职责范围和工作要求。严禁未经授权的机构或人员办理固定资产业务。

(十) 会计系统控制

财务部门应及时对固定资产增加、处置等变动情况进行会计记录和处理,根据固定资产的实际使用情况合理地确定计提折旧、减值准备的方法,并定期对折旧和减值进行复核。

例题 5-2 (案例分析题)

史玉柱的"滑铁卢"

1994 年年初,巨人集团在珠海获得了 9 万平方米土地,巨人大厦动工,计划三年完工。然而当选中国十大改革风云人物的史玉柱好大喜功,每来一个国家领导人就说要涨十层,直至最后要建 78 层(当时中国第一高楼),史玉柱欲望的不断膨胀带来了崩盘的后果。初始设计 18 层,最后加码到 78 层,地基一再加深。70 层楼所需建设资金约为 12 亿元,当时手中只有 1 亿元现金的史玉柱将赌注押在了卖楼花①上。正值 1994 年巨人大厦开始卖楼花时,政府开始对过热的经济进行宏观调控,卖"楼花"受到一定限制。1996 年,已投入 3 亿多元的巨人大厦资金告急。

当时销售良好的产品——脑黄金,其每月几千万元的回款利润全部投入建楼也于事

---

① 楼花:地产物业市场名词,是指房屋预售许可证。

无补,巨人大厦就像一个吸金黑洞,这成了巨人集团的不能承受之重。巨人集团资金链断裂、欠下诸多供货商贷款,最后被告上法院。法庭应众多中小业主要求诉前保全,给巨人大厦贴上了封条······因为巨人大厦的"倒塌",史玉柱成为"中国首负",负债2.5亿元。

请分析该集团在固定资产管理方面的内控缺陷。

解析:巨人大厦的投资建设项目计划不完善,初始设计18层,最后加码到78层,没有经过专门的固定资产投资项目可行性研究,变动巨大,特别是资金来源不确定,存在很大风险,但仍然在管理层的坚持下地基大坑一再加深,变成了无底洞,这也直接导致巨人集团资金链断裂,给企业造成严重的债务危机,使企业陷入困境。

任务四 无形资产管理内部控制

无形资产是企业拥有或控制的没有实物形态的可辨认非货币性资产,通常包括专利权、非专利技术、商标权、著作权、特许权、土地使用权等。

一、无形资产管理业务流程

微课:无形资产内部控制的内容

无形资产管理业务流程如图5-3所示。

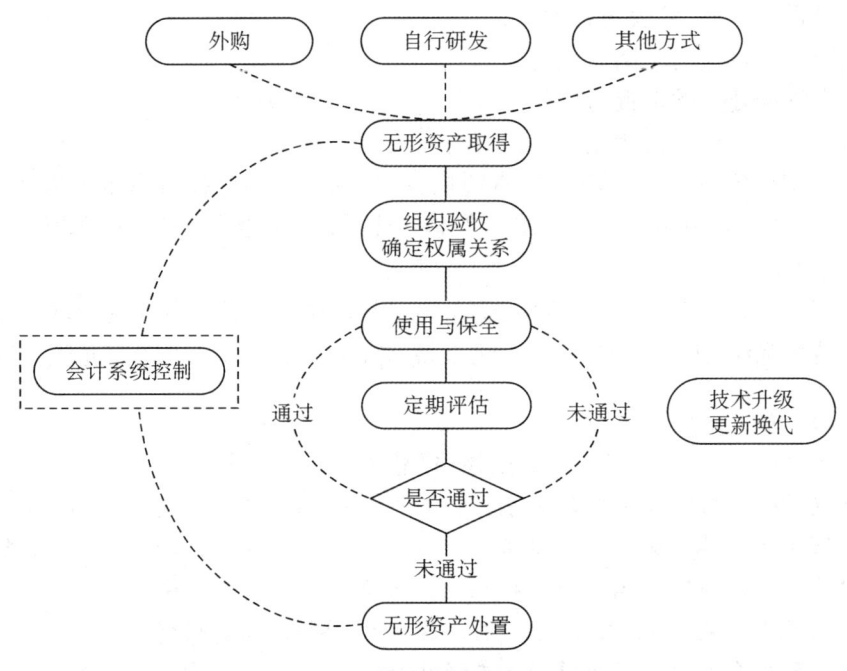

图5-3 无形资产管理业务流程

二、无形资产管理内部控制的关键风险点

(1)取得的无形资产不具先进性,或权属不清,可能导致企业资源浪费或引发法律诉讼。

(2)无形资产使用效率低下,效能发挥不到位;缺乏严格的保密制度,致使体现在无形资产中的商业机密泄漏;无形资产长期闲置或低效使用,失去或降低其原有的使用价值,可能造成损失和浪费。

（3）无形资产处置决策和执行不当,可能造成企业资产流失。

（4）会计处理不及时、不准确,可能导致企业资产账实不符或资产损失。

三、无形资产管理内部控制的关键措施

（一）无形资产取得与验收

（1）企业应当建立严格的无形资产交付使用验收制度,明确无形资产的权属关系,及时办理产权登记手续。

（2）企业外购无形资产,必须仔细审核有关合同协议等法律文件,及时取得无形资产所有权的有效证明文件,同时特别关注外购无形资产的技术先进性。

（3）企业自行开发的无形资产,应由研发部门、无形资产管理部门、使用部门共同填制无形资产移交使用验收单,移交使用部门使用。

（4）企业购入或者以支付土地出让金方式取得的土地使用权,必须取得土地使用权的有效证明文件。当无形资产权属关系发生变动时,应当按规定及时办理权证转移手续。

（二）无形资产使用与保全

（1）企业应当强化无形资产使用过程的风险管控,充分发挥无形资产对提升企业产品质量和市场影响力的重要作用。

（2）建立健全无形资产核心技术保密制度,严格限制未经授权人员直接接触技术资料;对技术资料等无形资产的保管及接触应保有记录,实行责任追究,保证无形资产的安全与完整;对侵害本企业无形资产的,要积极取证并形成书面调查记录,提出维权对策,按规定程序审核并上报。

（3）企业应当重视和加强品牌建设,通过提供高质量产品和优质服务等多种方式,不断打造和培育主业品牌,切实维护和提升企业品牌的社会认可度。

（三）技术升级与更新换代

企业应当定期对专利、专有技术等无形资产的先进性进行评估。发现某项无形资产给企业带来经济利益的能力受到重大不利影响时,应当考虑淘汰落后技术,同时加大研发投入,不断推动企业自主创新与技术升级,确保企业在市场经济竞争中始终处于优势地位。

（四）无形资产的处置

（1）企业应当建立无形资产处置的内控制度,明确无形资产处置的范围、标准、程序和审批权限等要求。

（2）无形资产的处置应由独立于无形资产管理部门和使用部门的其他部门或人员按照规定的权限和程序办理。

（3）企业应当选择合理的方式确定处置价格,并报经企业授权部门或人员审批。

（4）重大的无形资产处置,应当委托具有资质的中介机构进行资产评估。

（五）岗位分工与授权审批

企业应当明确无形资产管理的岗位责任制,明确相关部门和岗位的职责权限,确保办理无形资产业务的不相容岗位相互分离、制约和监督。无形资产业务的不相容岗位至少应包括:

（1）无形资产投资预算的编制与审批。

（2）无形资产投资预算的审批与执行。

（3）无形资产采购、验收与款项支付。

（4）无形资产处置的审批与执行。

（5）无形资产取得与处置业务的执行与相关会计记录。

企业应当对无形资产业务建立严格的授权审批制度，明确授权审批的方式、权限、程序，规定经办人的职责范围和工作要求。严禁未经授权的机构或人员办理无形资产业务。

（六）会计系统控制

财务部门应对无形资产的增加、摊销、处置等情况及时进行正确的账务处理，期末关注无形资产是否发生减值，并对无形资产的使用寿命进行复核。

📋 **例题 5-3** （案例分析题）

加多宝与王老吉的品牌之争

王老吉与加多宝之间的纠纷先后持续了近十年，官司往来不断。商标权属争议、包装纠纷、广告语纠纷等是双方一直争论的焦点。

王老吉与加多宝之间的恩怨可以追溯到 20 世纪末。早年间，作为王老吉商标的持有者，广药集团将红罐王老吉的生产销售权租给加多宝。1997 年，广药集团与加多宝的母公司香港鸿道集团签订了商标许可使用合同，期限至 2010 年。然而，广药集团之后发现，时任广药副董事长李某先后两次收受鸿道集团共 300 万港元贿赂，签订两份"补充协议"，将商标租期延长至 2020 年。东窗事发后，广药集团宣布补充协议无效，加多宝和广药集团之间的商标纠纷大战就此上演。

2018 年，广东高院一审判决加多宝赔偿广药集团 14.4 亿元，双方均不服此判决并提起上诉。2019 年 6 月 17 日，最高人民法院认定广药集团提供的主要证据在"证据内容与证据形式上均存在重大缺陷，不能作为认定本案事实的依据"，撤销广东高院的判决并发回重审。

2020 年和 2022 年，广东高院两次公开开庭进行审理。一审判决加多宝公司赔偿广药集团经济损失约 3.17 亿元；驳回广药集团其他诉讼请求。2023 年 7 月 10 日，加多宝与王老吉收到一审判决结果。

请从无形资产管理内部控制角度分析此项纷争。

解析：广药集团与加多宝公司，均曾为"王老吉"品牌商誉的积累作出了积极的贡献。在有效提升企业知名度的同时，也获得了巨大的市场利益。但在"王老吉"商标许可使用关系终止后，双方所涉知识产权纠纷不断、涉诉金额巨大，引发了社会公众的一些关切与担忧，还有可能有损企业的社会评价。对此，双方应本着相互谅解、合理避让的精神，善意履行判决，秉持企业应有的社会责任，珍视经营成果，尊重消费者信赖，以诚实、守信、规范的市场行为，为民族品牌做大做强、为消费者提供更加优质的产品而努力。

任务五 **资产管理业务内部控制实例**

一、公司名称

江西新晟启环保科技有限公司。

二、公司存货领用管理流程

江西新晟启环保科技有限公司存货领用管理流程如图 5-4 所示。

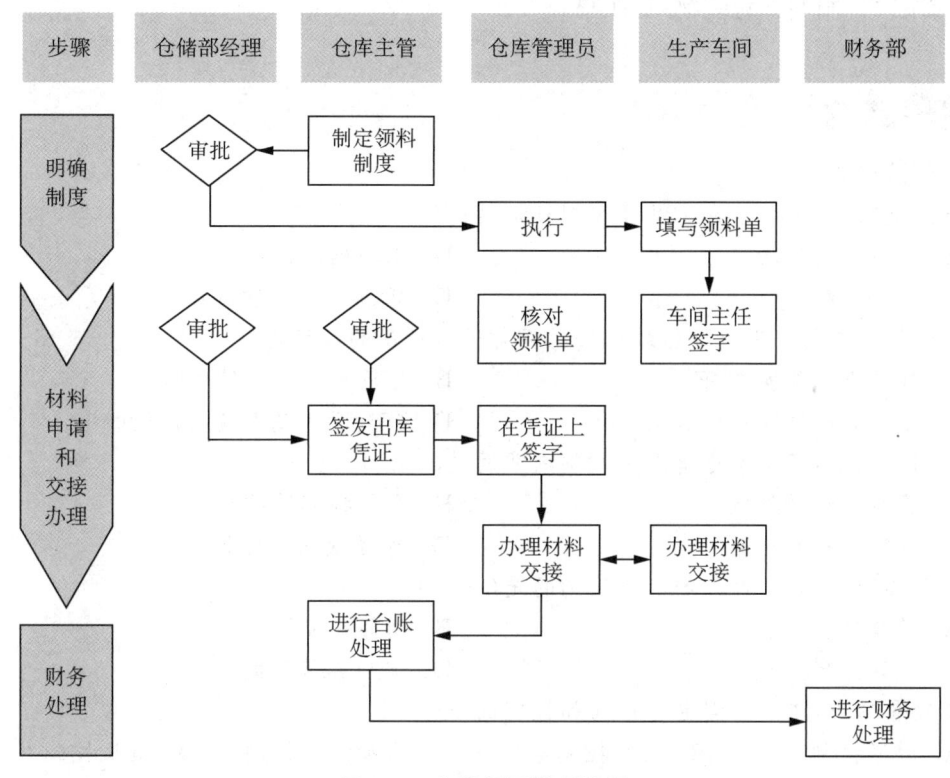

图 5-4 存货领用管理流程

根据图 5-4，该公司存货领用管理制度主要如下：

（1）生产部等材料使用部门领用材料，须填写领料申请单并办理相应的审批手续，并凭借经过审批的领料申请单到仓库领料。超出存货领料限额的，应当经过特别授权。

（2）领料申请单应填明材料名称、规格、型号、领料数量、图号、零件名称或材料用途，并经车间负责人签字。属计划内的材料应有材料计划，属限额供料的材料应符合限额供料制度，属于必须审批的材料应有审批人签字。

（3）仓库工作人员对领料申请单进行审核，审核内容包括材料的用途、领用部门、数量以及相关的审批签字信息等，审核无误后，才能发料。

（4）领用材料时，领料人必须与发料仓库工作人员办理交接手续，当面点交清楚，并在领料申请单上签字。

（5）材料仓库按"先进先出，按规定供应"的原则发放材料。发料应坚持核对单据、监督领料、汇总剩余材料库存量的原则。对由于违规发放材料造成材料失效、霉变、大料小用、优料劣用以及差错等损失，仓库工作人员除承担全部经济损失外，还要接受行政处分。

（6）材料仓库工作人员根据材料领用情况，编制材料出库单，并在出库单上加盖"材料发讫"印章，同时需由仓库库管员、统计员签章。

（7）仓库工作人员应妥善保管所有发票凭证，避免丢失。

(8) 仓库工作人员及时将材料领用的单据交财务部,财务部会计根据加盖"材料发讫"后的"材料出库单"登记库存材料明细账,并在材料出库单上签字。

(9) 核算领用原材料,根据领料材料汇总表借记"生产成本""管理费用""制造费用"等账户,贷记"原材料""包装物"等账户。

✎ 强化练习

一、单项选择题

1. 下列选项中,不属于存货结算控制目标的是(　　)。
   A. 降低支付风险　　　　　　　　　B. 正确确认存货
   C. 安全存放　　　　　　　　　　　D. 正确计量存货成本

2. 企业按成本与可变现净值孰低法对存货进行计价的目的是(　　)。
   A. 保证存货账实相符　　　　　　　B. 防范可能出现的风险
   C. 保证成本计算更加真实　　　　　D. 有利于提高存货的流动性

3. 下列各项中,不属于存货退出控制内容的是(　　)。
   A. 存货发出的控制　　　　　　　　B. 存货损坏的控制
   C. 存货丢失的控制　　　　　　　　D. 存货盘点的控制

4. 下列各项中,属于存货购入前控制的是(　　)。
   A. 验收环节控制　　　　　　　　　B. 结算环节控制
   C. 预算环节控制　　　　　　　　　D. 使用环节控制

5. 下列各项中,不属于固定资产增加控制的是(　　)。
   A. 移送控制　　　B. 预算控制　　　C. 增加方式控制　　　D. 验收控制

6. 固定资产使用控制不包括(　　)。
   A. 期末计价控制　　B. 记录控制　　C. 折旧控制　　　D. 正常报废控制

7. 固定资产处置控制不包括(　　)。
   A. 出售控制　　　　　　　　　　　B. 折旧控制
   C. 报废控制　　　　　　　　　　　D. 毁损和盘亏控制

二、多项选择题

1. 我国现行财务制度规定,折旧计算方法可以采用(　　　　)。
   A. 年数总和法　　　　　　　　　　B. 双倍余额递减法
   C. 平均年限法　　　　　　　　　　D. 后进先出法

2. 存货购入前控制一般包括(　　　　)。
   A. 预算控制　　　　　　　　　　　B. 采购合同控制
   C. 生产趋势分析控制　　　　　　　D. 供应商选择控制

3. 固定资产处置控制一般包括(　　　　)。
   A. 固定资产出售控制　　　　　　　B. 固定资产毁损控制
   C. 固定资产盘亏控制　　　　　　　D. 固定资产报废控制

三、判断题

1. 存货的请领、审批、发放、保管与记账不能由一人包办。　　　　　　　　　(　　)

2. 对于委托外单位加工的存货,仓库保管员应根据计划部门填写的"委托加工发料通知单"进行发料,财会部门据以记账。 (　　)

3. 根据管理要求进行固定资产分类和固定资产项目划分,属于规范固定资产管理的基础工作。 (　　)

4. 盘亏的固定资产经批准处理后,最后记入"固定资产清理"账户。 (　　)

5. 在无形资产管控中,要特别注重对知识产权的保护。 (　　)

四、分析题

某企业仓库保管员负责登记存货明细账,以便对仓库中所有存货项目的收、发、存进行永续记录。当收到验收部门送交的存货验收单后,根据验收单登记存货领料单。平时,各车间或其他部门如果需要领用原材料,都可以填写领料单,仓库保管员根据领料单发出原材料。公司辅助材料的用量很少,因此领取辅助材料时,没有要求使用领料单,可直接到仓库领取。如果仓库保管员有时间,偶尔也会对存货进行实地盘点。

要求:

(1) 从内部控制活动角度,分析上述企业在存货管理中存在的问题及其可能导致的弊端。

(2) 针对发现的问题,提出改进措施。

🏠 素养园地

────── 树立节约意识　服务社会经济发展 ──────

H公司一名刚毕业参加工作的财务人员小安被外派到海外项目公司,小安工作比较积极,对项目公司财务数据背后的实际运营很感兴趣,向总经理提出想去项目工地上参观了解,在项目工地,她发现一个很奇怪的现象,有很多辅料(如光缆线、螺钉、螺帽)没有用完,项目人员施工队施工完成后也没有拿走,而是留在了客户处,作为公司财务人员,她敏锐地察觉到这是一种浪费公司资产的情况,但为什么会出现这个问题呢?

回到公司后,小安细心地翻阅相关资料,发现施工队的领用符合公司的辅料领用标准,那制度没有问题,为什么还会浪费呢? 问题出在标准上,标准太宽松造成了浪费,但这么大的公司怎么会出现标准制定的错误呢? 小安便向有经验的老员工进行咨询,发现这个标准已经制定了好几年了,以前是没有出现过浪费,得到这些信息后,小安再次仔细核对相关制度,终于发现了问题所在。原来这个标准是海外公司刚成立的时候制定的,当时公司刚刚开辟海外市场,产品价格定位较低,辅料成本是按照主设备价值的一定比例配置的,后续产品价格有所提升,但辅料成本的比例却没有作出相应调整,从而造成了如今辅料领用浪费的情况。

在经过上述深入调查后,小安整理出一份报告提交给公司管理层,提出降低辅料成本配置比例的意见,经过公司项目组深入调研后,发现确实存在浪费的现象,并认可了小安的建议,在全球的海外项目公司同步降低了辅料成本配置比例,为公司节约了大量的成本,同时公司也给予了小安相应的奖励。

作为一名刚参加工作的财务人员,小安爱岗敬业、善于思考,对数据敏感,她的这些良好的品质和能力使她发现公司存货管理制度的缺陷并提出了改进建议。内部控制的制度不是一劳永逸的,要符合企业的业务流程和经营特征,因地制宜、量体裁衣,才能促进企业发展,为我国社会主义市场经济发展出一份力。

项目六　销售业务内部控制

思维导图

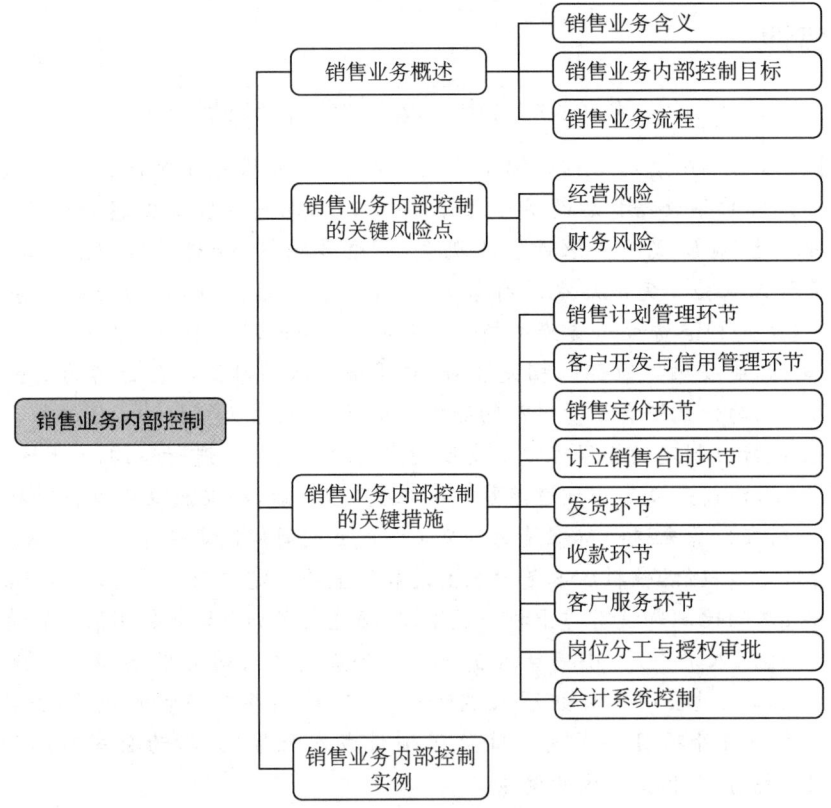

学习目标

知识目标

(1) 理解销售业务内部控制的总体要求。

(2) 掌握销售业务的业务流程。

(3) 理解销售业务内部控制目标。

(4) 理解销售业务内部控制关键风险点。

(5) 理解销售业务内部控制管控措施。

💬 能力目标

(1) 能够梳理企业销售业务的业务流程。

(2) 能够分析评估销售业务内部控制关键风险点。

(3) 能够针对销售业务内部控制关键风险点实施管理和控制。

💬 素养目标

(1) 培养爱岗敬业、勤勉尽责、精益求精的职业精神。

(2) 培养遵纪守法、廉洁自律、诚实守信的职业素养。

📋 案例导入

销售收款存漏洞　嗜赌业务员挪用货款上百万元

23 岁的何某 2018 年大学毕业应聘进入甲公司当销售员。何某头脑灵活,工作业绩好,但成家后,他在朋友的影响下迷上了赌博,赌博输了钱,他就打起了货款的主意。每次收到货款,他总要迟几天上报,从中扣下一些货款供自己使用。2020 年 3 月初,何某收到了某公司的货款,他暗中将其中的 7 万多元挪到自己手里。第一次下手,何某害怕了好几天。一个月后,他与乙公司签订购销合同,这一次他只拿了 4 万多元。同年 6 月,他从两家客户的货款中挪用了 12 万元供自己开支,从此胆子越来越大。

为了挪用公款方便,何某登记注册成立了一家丙皮包公司。他开始以丙公司的名义与客户谈生意并与客户签合同,将自己东家提供给客户的各种项目都挪到丙公司名下。为了拿钱更顺手,他还私刻了自己任职公司的发票专用章以及客户专用章。

就在何某感到春风得意的时候,公司财务人员发现,何某签订的销售合同上的合同专用章,与客户提供给公司对账的合同专用章不一致,而且合同上的货款与何某上交的金额差别太大,经向客户核实后发现,公司和客户签订的合同专用章都是假的,金额也不一致,向领导报告后,公司决定报警。2020 年 5 月 5 日,公安机关将何某抓获归案,并从丙公司的几个办公地点搜出现金几万元、各种伪造的客户印章多达 24 枚。检察院起诉书指控,从 2020 年到 2023 年三年间,何某利用职务之便共与十几家公司签订购销合同,挪用新型建材公司货款共计 234 万元。

思考:

何某挪用货款为什么三年后才被公司发现,如何避免此类行为的发生?

知识准备

任务一 销售业务概述

一、销售业务含义

《企业内部控制应用指引第9号——销售业务》中所称的"销售",是指企业出售商品（或提供劳务）及收取款项等相关活动。销售环节是企业产品价值实现的关键环节,是资金回笼的重要渠道,企业生存、发展、壮大的过程,在相当程度上就是不断加大销售力度、拓宽销售渠道、扩大市场占有率的过程。完善销售业务内部控制、防范各种销售风险,对增加企业收入、实现经营目标和发展战略具有重要意义。

二、销售业务内部控制目标

建立并完善企业销售业务内部控制,可以有效规范销售行为,防范销售业务风险,促进企业销售持续增长,保证企业销售资金安全回笼,为企业持续发展和稳健经营提供有力保障。销售业务内部控制的目标是确保销售活动的合规性、有效性、安全性以及财务处理的准确性。

（一）合理保证销售业务合法合规

销售业务必须严格遵守国家法律法规以及企业内部的相关制度规定,确保所有销售活动都在合法合规的框架内进行。

同时,销售业务还应按照规定的程序和权限进行,避免未经授权或超出权限范围的操作。

（二）保证销售业务会计核算的准确性

销售收入是企业利润的重要来源,企业发生的所有销售收入都应及时、准确地加以记录,完整反映销售全过程,防止少记、不记或漏记实现的销售收入。同时,也要防止虚增销售收入等不实行为的发生,确保会计信息的真实性和可靠性。

对销售过程中发生的销售折扣、现金折扣、销售退回等要进行严格检查和监督,确保恰当、真实、准确。

（三）保证产品的安全完整

交付已销售的商品数量必须准确无误,与购买方的订单或合同要求一致。在商品运输过程中,应确保商品的安全、质量不变、数量完整,防止因运输问题导致的商品损失或损坏。同时要采用适当的控制措施以明确界定产品交付过程中的相关责任人,以防产品发生损失且责任无从追究、损失无法弥补。

（四）保证应收账款的真实性和可回收性

赊销是应收账款产生的原因,由于商业信用的存在,企业间货款结算存在一定的账期,合理地采用赊销方式结算可以获得更多潜在的客户,但企业不能为了销量盲目赊销,在销售前要审核客户的资信情况,确保货款的可收回性。

货款回收是企业销售业务的重要环节,应确保货款能够及时、足额地收回,以维持企业资金流动性和经营活动的正常进行。有效的内部控制机制,可减少因客户信用问题、合同纠纷等原因导致的坏账损失。

三、销售业务流程

强化销售业务管理,应当对现行销售业务流程进行全面梳理,查找管理漏洞,及时采取切实措施加以改正;与此同时,还应当注重健全相关管理制度,明确以风险为导向的、符合成本效益原则的销售管控措施,实现与生产、资产、资金等方面管理的衔接,落实责任制,有效防范和化解经营风险。

一般生产企业的销售业务流程如图 6-1 所示。在实际操作中,企业应当充分结合自身业务特点和管理要求,构建和优化销售业务流程。

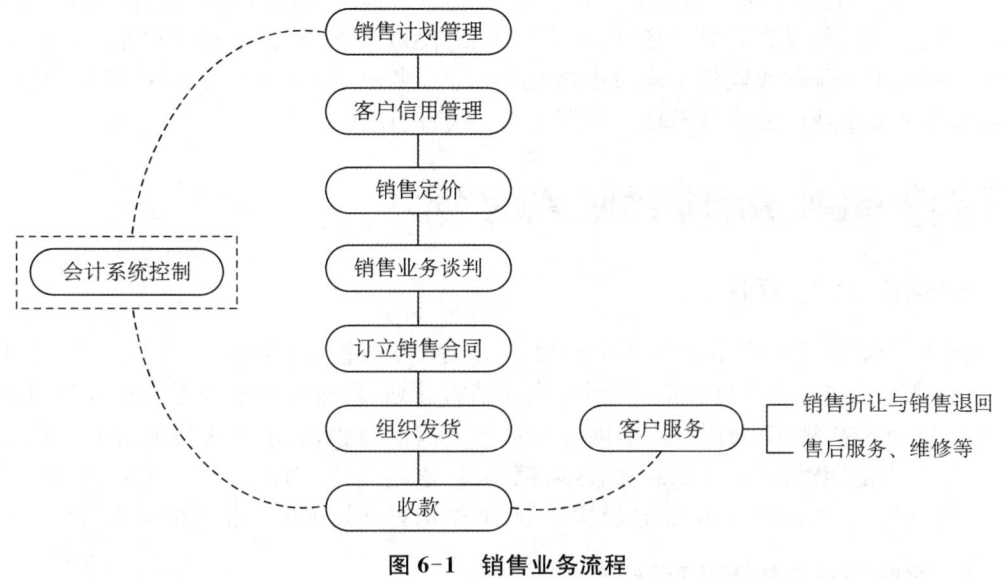

图 6-1 销售业务流程

任务二 销售业务内部控制的关键风险点

销售业务是企业与客户之间的重要活动,从洽谈到签合同、下订单,再到发出货物、货款的收取,以及售后的维修、退还、折让等,是一个复杂的过程,跨越的时间也比较长,相对企业其他经营活动而言,销售业务风险更大,主要有经营风险和财务风险。

一、经营风险

经营风险主要包括以下内容:

(1) 销售计划缺乏或不合理,或未经授权审批,导致产品结构和生产安排不合理,难以实现企业生产经营的良性循环。

(2) 客户档案不健全,缺乏合理的资信评估,可能导致客户选择不当,销售款项不能收回或遭受欺诈,从而影响企业的资金流转和正常经营。

(3) 定价或调价不符合价格政策,未能结合市场供需状况、盈利测算等进行适时调整,造成价格过高或过低、销售受损;商品销售价格未经恰当审批,或存在舞弊,可能导致损害

企业经济利益或者企业形象。

（4）合同内容存在重大疏漏和欺诈，未经授权对外订立销售合同，可能导致企业合法权益受到侵害；销售价格、收款期限等违背企业销售政策，可能导致企业经济利益受损。

（5）未经授权发货或发货不符合合同约定，可能导致货物损失或客户与企业的销售争议、销售款项不能收回。

（6）企业信用管理不到位，结算方式选择不当，票据管理不善，账款回收不力，导致销售款项不能收回或遭受欺诈；收款过程中存在舞弊，使企业经济利益受损。

二、财务风险

销售过程中的财务风险是指财务部门没有按照会计准则制度的要求，对销售全过程进行准确地记录、核算和监督，导致财务信息失真，隐瞒真实情况，造成更严重的后果。例如，为了迎合市场预期或监管要求去虚增销售收入，多记应收账款，或者为了逃税隐瞒收入等，都会造成企业财务信息不真实可靠，失去监督的作用。

任务三 销售业务内部控制的关键措施

一、销售计划管理环节

企业应当根据发展战略和年度生产经营计划，结合企业实际情况，制定年度销售计划，在此基础上，结合客户订单情况，制定月度销售计划，并按规定的权限和程序审批后下达执行。企业应重视销售计划编制，明确销售计划编制流程，且应当做好充分有效的市场调研。企业应定期对各产品（商品）的区域销售额、进销差价、销售计划与实际销售情况等进行分析，结合生产现状，及时调整销售计划，调整销售计划须履行相应的审批程序。

二、客户开发与信用管理环节

企业应当在进行充分市场调查的基础上，合理细分市场并确定目标市场，根据不同目标群体的具体需求，确定定价机制和信用方式，灵活运用销售折扣、销售折让、信用销售、代销和广告宣传等多种策略和营销方式，促进销售目标实现，不断提高市场占有率。

建立和不断更新维护客户信用动态档案，由与销售部门相对独立的信用管理部门对客户付款情况进行持续跟踪和监控，提出划分、调整客户信用等级的方案。根据客户信用等级和企业信用政策，拟定客户赊销限额和时限，经销售、财会等部门具有相关权限的人员审批。对于境外客户和新开发客户，应当建立严格的信用保证制度。

例题 6-1 （案例分析题）

国民家电巨头的转折

曾经的"彩电大王"——四川长虹，1994年上市并一直被视为绩优股，经济效益连年上升，连续五年位列全国同行第一，然而好景不长，后续因国内彩电市场供过于求，长虹库存积压严重，2001年年初，产能过剩的长虹开始实施"大市场大外贸"战略，并选定美国为主销市场，以 APEX 公司为合作对象，并以赊销的方式在美国开展贸易。

在长虹向 APEX 提供产品后，其销售业绩高速增长，但是应收账款也急剧增加。2001

年年初,长虹的应收账款为 18.2 亿元,到年末,这一数字增加到 28.8 亿元,增幅达 58.2%。到了 2003 年年底,长虹的应收账款已高达 49.8 亿元,其中 APEX 所欠款为 44.5 亿元。2003 年 11 月,美国商务部裁定四川长虹倾销成立,倾销幅度为 45.87%,这样美国市场对长虹彩电完全封闭。2004 年年末,长虹公告称"美国进口商 APEX 公司由于涉及专利费、美国对中国彩电反倾销及经营不善等因素出现了较大亏损,支付公司欠款存在着较大困难",向外界曝光了这一惊人的坏账金额。

长虹 2004 年年报显示,这笔坏账导致长虹在当年亏损 36.81 亿元。也就是在那一年,倪润峰卸任长虹董事长。长虹给予 APEX 和其他客户的信用政策有很大差距,数据显示,长虹给其他客户的平均回款期不足 20 天,而对 APEX 应收账款的账龄却长达 1 年多。

实际上,APEX 是一家名不见经传的代理公司,素有拖欠国内多家企业货款的不良记录,其在与四川长虹合作之前,曾与厦华电子等大型彩电厂商联系,厦华电子为了调查 APEX 的信用额度,委托中国出口信用保险公司对它进行信用评级。评级报告让厦华电子打消了与 APEX 交易的念头,因为报告结论显示 APEX 的信用评价为零。

四川长虹也委托中国出口信用保险公司做了同样的调查,得到了同样的报告。但采取的冒进战略却使长虹将专业机构提供的评级报告弃之不顾,甘冒市场风险追求所谓的规模,最终自食恶果。

请分析长虹在以上销售业务管理上的内容缺陷。

解析: 该案例中四川长虹的损失与其自身的内控缺陷有关。其客户信用管理和风险评估及应对机制不完善,对专业机构提供的 APEX 公司信用评级报告弃之不顾,为了提高公司销售业绩,不顾大额应收账款的坏账风险,且缺乏相应的应收账款管理措施,无法收回货款,造成巨大损失。

三、销售定价环节

企业应根据有关价格政策、综合考虑企业财务目标、营销目标、产品成本、市场状况及竞争对手情况等多方面因素,确定产品基准定价。定期评价产品基准价格的合理性,定价或调价需经具有相应权限人员的审核批准。在执行基准定价的基础上,对某些商品,可以授予销售部门一定限度的价格浮动权,销售部门可结合产品市场特点,将价格浮动权向下实行逐级递减分配,同时明确权限执行人。价格浮动权限执行人必须严格遵守规定的价格浮动范围,不得擅自突破。销售折扣、销售折让等政策应由具有相应权限人员的审核批准。销售折扣、销售折让授予的实际金额、数量、原因及对象应予以记录,并归档备查。

例题6-2(案例分析题)

机票门事件

2010 年 1 月 18 日,东航官方网站发布了一则特价信息:南昌至厦门头等舱票价只要 20 元,经济舱 10 元。此外,东航从南昌起飞至上海、厦门、北京、昆明等多个航线都大打折扣,出现了 0.2 折的惊人价格。据东航股份公司总经理介绍,这次事件是由于东航南昌分公司的一位工作人员在网上录入价格失误所致,当时他把一批机票的"折扣前价格"录入成了"折扣后价格"。虽然公司及时发现并修改了错误价格,但已经有 300 张低价票出票成功。东航表示,此次事件是人为操作失误所致,为保障旅客利益,东航承诺旅客已购机票均有效,买到低价票的旅客可以正常登机。由于正值春运旺季,这次失误给东航造成的损失预计超过 30 万元。

请分析东航在本次事件中存在哪些内部控制问题。

解析: 该航空公司的销售定价环节存在内控缺陷,良好的内部控制设计可以避免因一个人失误造成的损失。该案例中录入机票价格的工作人员因失误造成错误标价,导致出现惊人的极低机票价格。这类问题可以通过制定系统价格区间预警或多层审批等措施规避,以免给企业造成不必要的损失。

四、订立销售合同环节

订立销售合同前,企业应当指定专门人员与客户进行业务洽谈、磋商或谈判,关注客户信用状况,明确销售定价、结算方式、权利与义务条款等相关内容。重大的销售业务谈判还应当吸收财会、法律等专业人员参加,并形成完整的书面记录。

企业应当建立健全销售合同订立及审批管理制度,明确必须签订合同的范围,规范合同订立程序,确定具体的审核、审批程序和所涉及的部门人员及相应权责。审核、审批应当重点关注销售合同草案中提出的销售价格、信用政策、发货及收款方式等。重要的销售合同,应当征询法律专业人员的意见。

销售合同草案经审批同意后,企业应授权有关人员与客户签订正式销售合同。

五、发货环节

销售部门应当按照经审核后的销售合同开具销售通知,交仓储部门和财会部门。

仓储部门应当落实出库、计量、运输等环节的岗位责任,对销售通知进行审核,严格按照所列的发货品种和规格、发货数量、发货时间、发货方式、接货地点等组织发货,形成相应的发货单据,并应连续编号。企业应当以运输合同或条款等形式明确运输方式、商品短缺、毁损或变质的责任、到货验收方式、运输费用承担、保险等内容,货物交接环节应做好装卸和检验工作,确保货物的安全发运,由客户验收确认。企业应当做好发货各环节的记录,填制相应的凭证,设置销售台账,实现全过程的销售登记制度。

六、收款环节

企业应结合公司销售政策,选择恰当的结算方式,加快款项回收,提高资金的使用效率。对于商业票据,结合销售政策和信用政策,明确应收票据的受理范围和管理措施。

企业应建立票据管理制度,特别是加强商业汇票的管理:一是对票据的取得、贴现、背书、保管等活动予以明确规定;二是严格审查票据的真实性和合法性,防止票据欺诈;三是由专人保管应收票据,对即将到期的应收票据,及时办理托收,定期核对盘点;四是票据贴现、背书应经恰当审批。企业应加强赊销管理。一是需要赊销的商品,应由信用管理部门按照客户信用等级审核,并经具有相应权限的人员审批。二是赊销商品一般应取得客户的书面确认,必要时,要求客户办理资产抵押、担保等收款保证手续。三是应完善应收款项管理制度,落实责任、严格考核、实行奖惩。销售部门负责应收款项的催收,催收记录

（包括往来函电）应妥善保存。企业应加强代销业务款项的管理，及时与代销商结算款项。

企业收取的现金、银行本票、汇票等应及时缴存银行并登记入账。不得由销售人员直接收取款项，如必须由销售人员收取的，应由财会部门加强监控。

七、客户服务环节

企业应结合竞争对手客户服务水平，建立和完善客户服务制度，包括客户服务内容、标准、方式等。企业应设专人或部门进行客户服务和跟踪。有条件的企业可以按产品线或地理区域建立客户服务中心；加强售前、售中和售后技术服务，实行客户服务人员的薪酬与客户满意度挂钩的做法。企业应建立产品质量管理制度，加强销售、生产、研发、质量检验等相关部门之间的沟通协调；做好客户回访工作，定期或不定期开展客户满意度调查；建立客户投诉制度，记录所有的客户投诉，并分析产生原因及解决措施；加强销售退回控制，销售退回需经具有相应权限的人员审批后方可执行，销售退回的商品应当参照物资采购入库管理。

八、岗位分工与授权审批

企业应当明确销售业务管理的岗位责任制，明确相关部门和岗位的职责权限，确保办理资产销售业务的不相容岗位相互分离、制约和监督。销售业务的不相容岗位至少应包括：①客户信用调查评估与销售合同的审批签订；②销售合同的审批、签订与发货；③销售货款的确认、回收与会计处理；④退回货物的验收、处置与会计处理；⑤销售业务经办与发票开具、管理；⑥坏账准备的计提与审批、坏账的核销与审批。

九、会计系统控制

企业应当加强对销售、发货、收款业务的会计系统控制，详细记录销售客户、销售合同、销售通知、发运凭证、商业票据、款项收回等情况，确保会计记录、销售记录与仓储记录核对一致。财会部门应当依据相关单据（计量单、出库单、货款结算单、销售通知单等）开具发票并经相关单位审核。销售发票应遵循有关发票管理规定，严禁开具虚假发票。财会部门审核销售报表等原始凭证的销售价格、数量等，并根据国家统一的会计准则制度确认销售收入，登记入账。财会部门与相关部门月末应核对当月销售数量，保证各部门销售数量的一致性。

企业应建立应收账款清收核查制度。销售部门应定期与客户对账，并取得书面对账凭证，财会部门负责办理资金结算并监督款项回收。企业应及时收集应收账款相关凭证资料并妥善保管；及时要求客户提供担保；对未按时还款的客户，采取申请支付令、申请诉前保全和起诉等方式及时清收欠款；对收回的非货币性资产应经评估和恰当审批。

企业对于可能成为坏账的应收账款，应当按照国家统一的会计准则制度规定计提坏账准备，并按照权限范围和审批程序进行审批。对确定发生的各项坏账，应当查明原因，明确责任，并在履行规定的审批程序后作出会计处理。企业核销的坏账应当进行备查登记，做到账销案存；已核销的坏账又收回时，应当及时入账，防止形成账外资金。

任务四 销售业务内部控制实例

一、公司名称

江西新晟启环保科技有限公司。

二、公司货款收回管理流程

江西新晟启环保科技有限公司的货款收回管理流程如图 6-2 和图 6-3 所示：

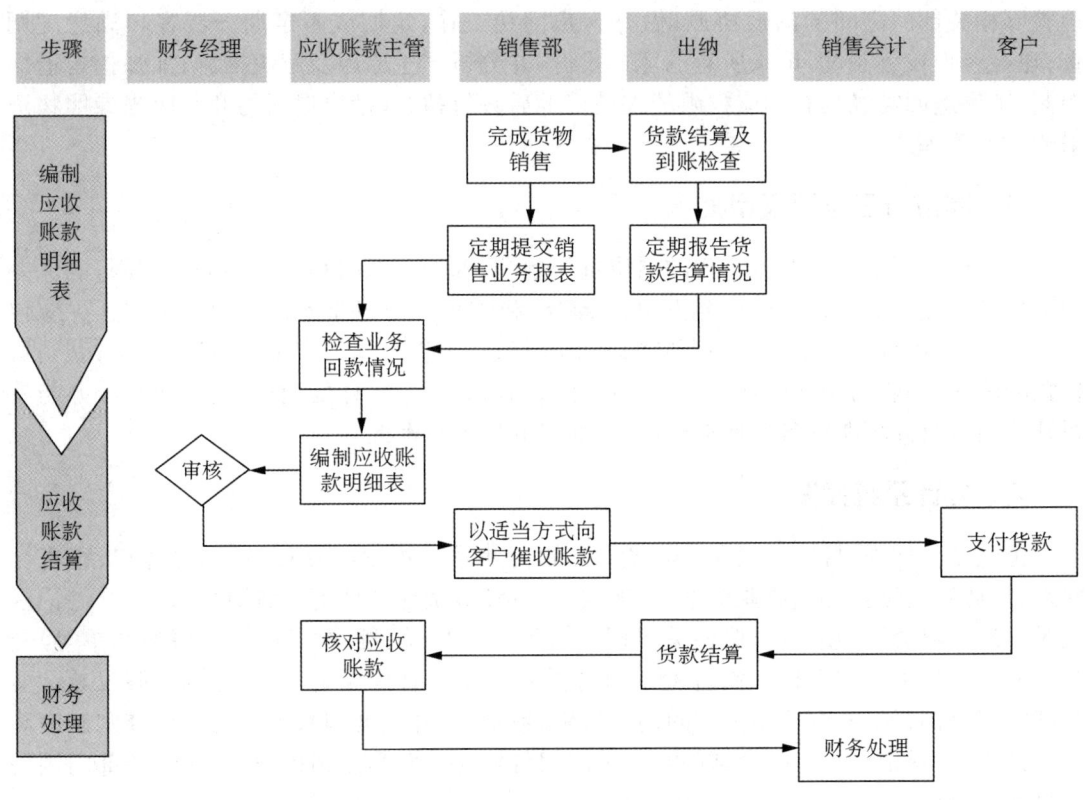

图 6-2 货款收回业务流程（未逾期）

三、公司货款收回管理制度

销售部负责销售回款计划的制订与应收账款的催收工作。

财务部负责应收账款的统计及相关账务处理工作，并督促销售部及时催收应收账款。

当月到期的应收货款在此月××号前尚未收回，从即日起至月底止，将此货款列为未收款。

未收款的处理程序如下：

（1）财务部应于每月××号前将未收款明细表交至销售部。

（2）销售部将未收款明细表及时通知相应的销售业务员。

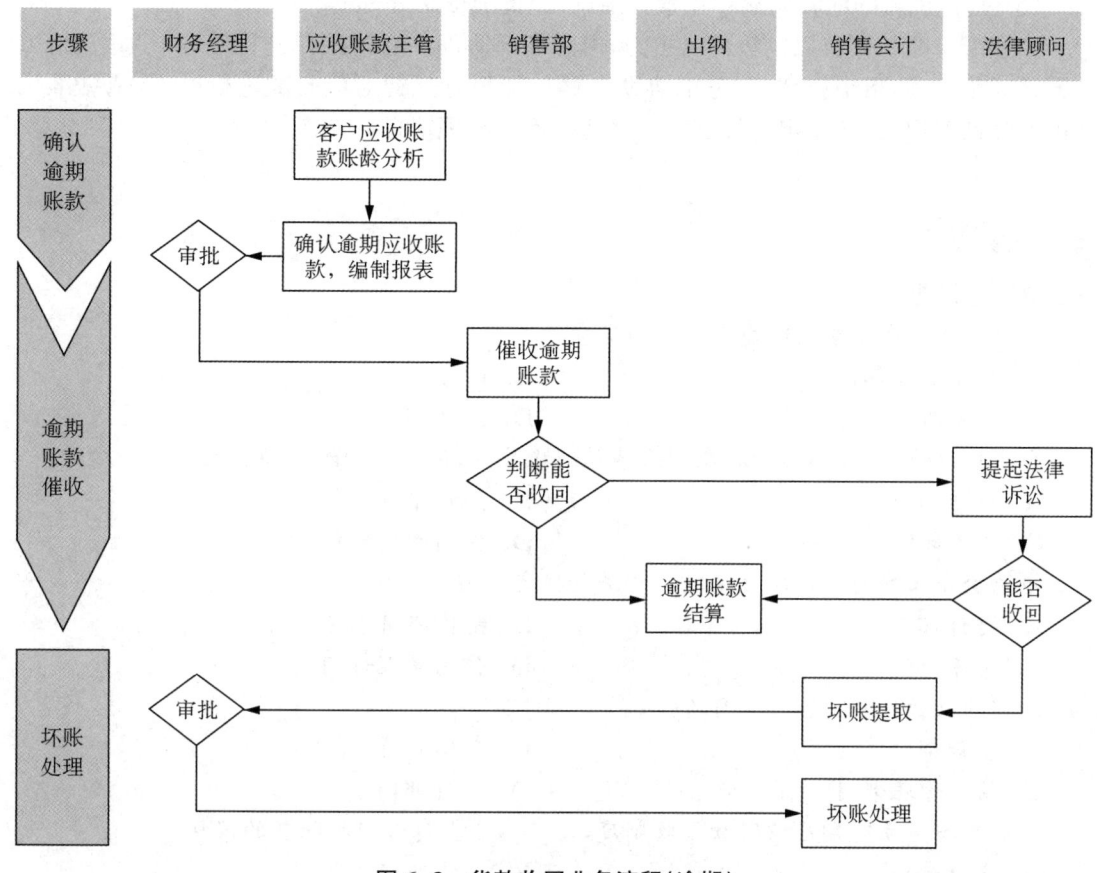

图 6-3 货款收回业务流程(逾期)

(3) 销售业务员将未收款未能按时收回的原因、对策及最终收回该批货款的时间于××日内以书面形式提交销售经理,销售经理根据实际情况审核是否继续向该客户供货。

(4) 销售经理负责每月督促各销售业务员回收未收款。

(5) 财务部于每月月底检查销售业务员承诺收回货款的执行情况。

(6) 未收款在此月××号前尚未收回,从即日起到月底止,此应收货款为催收款。

催收款的处理程序如下:

(1) 销售经理应在未收款转为催收款后的××日内将其未能及时回收的原因及对策,以书面形式提交营销总监审批。

(2) 货款经列为催收款后,销售经理应于××日内督促相关销售业务员收回货款。

(3) 货款列为催收款后的××日内,若货款仍未收回,企业将暂停对此客户供货。

财务部应在下列情形出现时,将货款列为准呆账:

(1) 客户已宣告破产,或者未正式宣告破产但破产迹象明显。

(2) 客户因其他债务受到法院查封,货款已无偿还可能。

(3) 支付货款的票据一再退票而客户无令人信服的理由,并已停止供货一个月以上的。

(4) 催收款迄今未能收回,且已停止供货一个月以上的。

（5）其他货款的回收明显存在重大困难,经批准依法处理的。

企业准呆账的回收以销售部为主力,由财务部协助。通过法律途径处理准呆账时,以法律顾问为主力,由销售部、财务部协助。财务部每月月初对应收款进行检查,依据准呆账的实际情况填写《坏账申请批复表》,报请财务部经理审批。

✏ 强化练习

一、单项选择题

1. 企业开具销售发票的职能由（　　）负责。
   A. 信用管理部门　　　　　　　　　　B. 销售部门
   C. 仓库部门　　　　　　　　　　　　D. 会计部门

2. 企业应以销售预测为基础,在全面预算的指导下,由（　　）编制销售预算。
   A. 销售部门　　　　　　　　　　　　B. 会计部门
   C. 仓库部门　　　　　　　　　　　　D. 信用管理部门

3. 申请赊销客户的信用额度由（　　）进行核定。
   A. 会计部门　　　　　　　　　　　　B. 销售部门
   C. 仓库部门　　　　　　　　　　　　D. 信用管理部门

4. 赊销的收款控制由（　　）负责。
   A. 会计部门　　　　　　　　　　　　B. 仓库部门
   C. 信用管理部门　　　　　　　　　　D. 销售部门

5. 企业应当建立逾期应收账款催收制度,（　　）应当负责应收账款的催收。
   A. 会计部门　　　　　　　　　　　　B. 销售部门
   C. 仓库部门　　　　　　　　　　　　D. 信用管理部门

二、多项选择题

1. 企业销售业务控制的内容一般应包括（　　　　）。
   A. 销售预算控制　　　　　　　　　　B. 接收订单控制
   C. 开单发货控制　　　　　　　　　　D. 收款控制

2. 应收账款日常管理控制包括（　　　　）。
   A. 应收账款账龄分析　　　　　　　　B. 应收账款催收制度
   C. 应收账款追踪分析　　　　　　　　D. 应收账款坏账准备制度

3. 按内部控制要求,销售退回的货物应当由（　　　　）清点后方可入库。
   A. 会计部门　　　　　　　　　　　　B. 仓储部门
   C. 销售部门　　　　　　　　　　　　D. 质检部门

4. 在销售发货业务流程中,仓库部门主要负责（　　　　）。
   A. 签发产品发货单　　　　　　　　　B. 核实产品发货单并备货
   C. 复核产品发货单并发货　　　　　　D. 办理货物出库手续

5. 企业销售风险管理目标包括（　　　　）。
   A. 制定合理的产品和劳务价格　　　　B. 合理确认、计量销售收入
   C. 及时收回货款　　　　　　　　　　D. 保证应收账款的真实性和可收回性

三、判断题

1. 信用额度的确定由销售部门负责。 （　　）
2. 接收订单岗位应与签订合同岗位相分离。 （　　）
3. 填写销货通知单的人员与开具销货发票的人员可以是同一位。 （　　）
4. 销售退回当时即可办理销账和退款手续。 （　　）
5. 保证足额安全地收取款项是收款业务控制制度的根本目标。 （　　）

四、分析题

X 公司为提高信用管理效率、加速账款回收，在财务部门中单独成立了信用管理小组，信用管理经理直接向财务总监报告。信用管理小组主要负责客户信用评估、信用额度的控制。具体工作开展情况如下：

每年1月和2月，对现有客户进行一次全面信用评估，按客户名单逐一分析其过去一年的应收账款周转天数、逾期付款表等，结合客户财务报表，对客户信用等级进行打分。根据打分结果，确定客户的信用等级。

客户信用等级分5类：信用良好的长期大客户、信用良好的长期普通客户、信用一般的长期大客户、信用一般的长期普通客户和其他客户。

信用管理人员根据销售人员提供的该客户的预计合同销售年度总金额和合同期间，计算相应的信用额度。

信用额度＝合同销售年度总金额÷合同期间×信用等级下的付款期÷30

信用管理人员将信用额度计算表提交给信用管理经理、财务总监和销售总监审批。

取得正式批准后，信用管理人员向客户发送年度信用额度确认函，并抄送负责该客户的销售人员。同时，信用管理人员在销售系统中录入信用额度，作为未来销售订单控制和收款控制的一个条件。这一过程中，只有信用管理人员才有权进行信用额度修改的操作。

请分析 X 公司在客户信用管理方面实施了哪些内部控制措施。

🏠 素养园地

——潜力持续释放　新国货引领消费新潮流——

在新国货的用户群体中，年轻化成为显著特点。京东消费及产业发展研究院发布的《2022年轻人国货消费趋势报告》显示，年轻的消费者通过丰富多样的国潮消费形式，让年轻的心在历史文化沉淀的精神中找到了韵脚，把传统文化的精髓融入了日常生活。数据显示，2022年以来，"95后"购买"中国红"元素的商品销量增长超3倍。

另有调研数据显示，59.5%的消费者对国货品牌非常看好、支持国货发展，可见，新时代背景下，国货正在受到越来越多消费者的支持，拥有匠心精神的"中国制造"正在成为这个时代消费者青睐的对象。

国货消费赛道兴起的动力不仅是消费者的民族自信与文化自豪感，随着我国经济实力增强的提升，还倚赖中国产品和品牌在品质、设计、技术、创新能力等方面的全新提升，以及供应链、物流、大数据、互联网等新基础设施的强大支持。

消费者在面对中国品牌时，更加追求高品质、高性价比的消费，这也启发了企业在研发和推广产品时，必须不断改善产品质量，持续提升口碑。

国货品牌加速崛起，离不开企业的品牌建设，比如深度挖掘市场需求，注重场景沉浸式购物体验；掌握消费行为新特征，精准匹配客户个性化需求；传统产品不断创新升级，产品量大面广；注重品牌建设，重视企业社会责任等。

国产品牌在中国未来经济发展的进程中，必定是一股强劲的推动力量，要用政策的叠加和政府的引导，把国产品牌的市场主体内在动力迸发出来，通过创新不断地提升产品品质，夯实品牌发展基石。

品牌建设非一日之功，也非一人之力能为。我们要全面提高认识、多方协同发力，企业应厚植工匠精神、追求精益求精、打造百年品牌，政府应积极主动、加大政策支持、营造良好环境，全社会应爱护品牌、享受品牌，久久为功，共同推动中国品牌建设高质量发展。

思维导图

```
成本费用业务
内部控制
  ├─ 成本费用内部控制
  │   概述
  │     ├─ 成本费用的概念及特点
  │     ├─ 成本费用内部控制的概念及目标
  │     ├─ 成本费用内部控制的总体要求
  │     └─ 成本费用主要业务流程
  │
  ├─ 成本费用业务内部
  │   控制的关键风险点
  │     ├─ 成本费用相关部门和机构岗位设置的关键风险点
  │     ├─ 成本费用预算与执行的关键风险点
  │     ├─ 信息系统的关键风险点
  │     ├─ 质量执行的关键风险点
  │     ├─ 成本费用管理的关键风险点
  │     └─ 成本费用分析与考核的关键风险点
  │
  ├─ 成本费用业务内部
  │   控制的关键措施
  │     ├─ 成本费用相关部门和机构岗位设置的关键措施
  │     ├─ 成本费用预算与执行的关键措施
  │     ├─ 信息系统的关键措施
  │     ├─ 质量执行的关键措施
  │     ├─ 成本费用管理的关键措施
  │     └─ 成本费用分析与考核的关键措施
  │
  └─ 成本费用业务内部
      控制实例
```

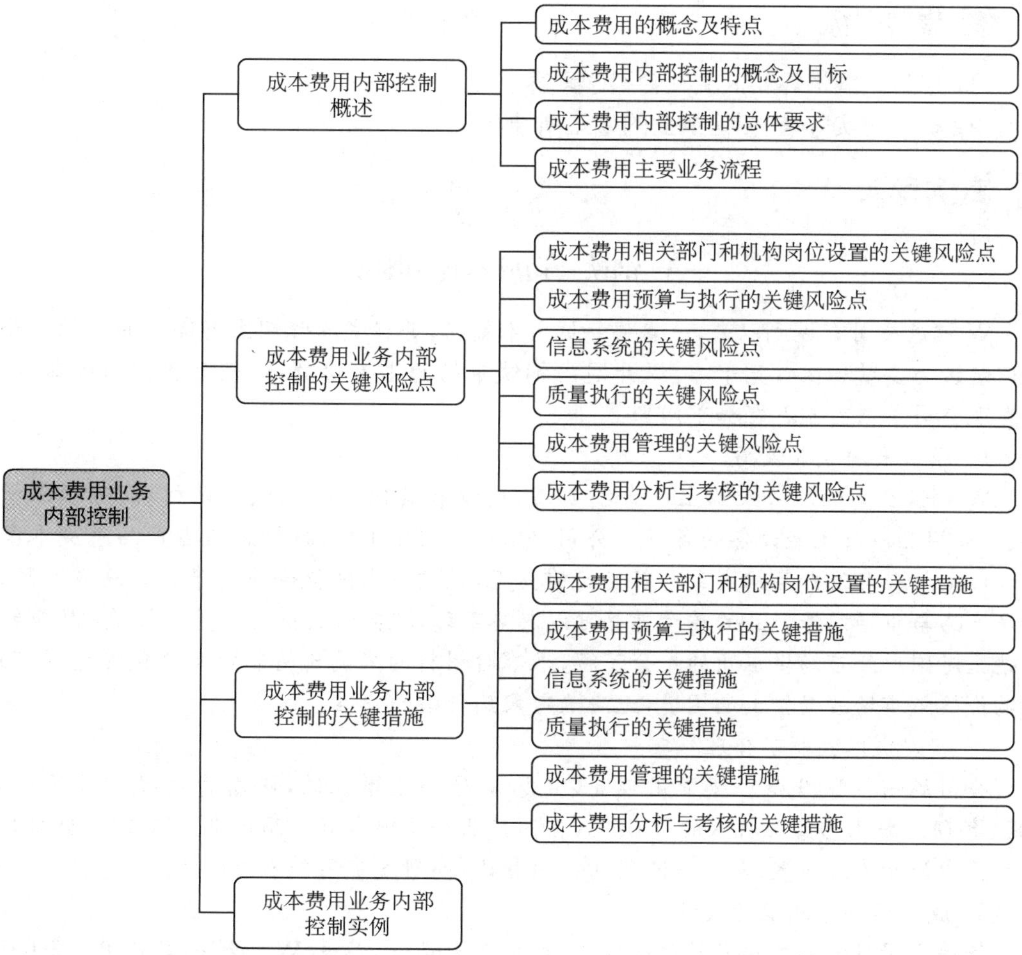

学习目标

知识目标

(1) 理解成本费用的概念及特点。

(2) 理解成本费用内部控制的概念及目标。

(3) 掌握成本费用内部控制的要求。

(4) 掌握成本费用主要业务流程。

(5) 掌握成本费用业务中的主要风险点。

(6) 掌握成本费用业务中的控制措施。

能力目标

(1) 能够准确梳理成本费用业务流程,明确业务环节。

(2) 能够准确分析成本费用业务风险,确定主要风险点。

(3) 能够督促企业有效实施成本费用业务内部控制制度。

素养目标

(1) 培育家国情怀和人文社会科学素养。

(2) 树立诚实守信、依法执业的专业精神。

案例导入

W 钢铁公司成本控制困境

W 钢铁公司自成立以来,一直倡导低成本策略,并在成本管理上有高度的集权。公司管理层认为要增加核心竞争力,提升国内钢铁市场的占有份额,必须合理控制成本,经查明发现公司成本控制存在如下问题:

1. 原料采购成本较高

W 钢铁公司的原料采购上包含铁矿石、废钢和其他,如燃料、辅助材料、劳动保护用品、办公用品以及生产设备的备件。公司 2020 年—2024 年,材料成本占产品总成本高达 90% 以上。在其他产品构成成本不变的前提下,采购成本降低会使得产品的总成本降低。如果产品与市场同等产品的质量差异可以忽略不计,就会形成价格优势。但是,W 钢铁公司缺乏对国内外市场供应商的充分了解,很难对材料的采购价格制定合理预算范围,陷入采购价格随市场波动较大的困境,无法确定采购价格的标准。

2. 研发成本控制不合理

公司的销售费用和管理费用较高,且总体趋势是增长的,研发费用投入逐年递增,2024 年研发费用占营业收入的 2.67%,在同行业企业中占有较高比重。W 钢铁公司在钢铁行业中处于中端位置,与同一阶段的公司相比,高研发费用并不值得提倡。

3. 成本核算方法亟待改进

钢铁公司日常成本核算的步骤繁琐,数据庞大杂乱,尽管 W 钢铁公司采用了 ERP 系统,却仍受传统成本法的限制。一方面,公司在核算成本时,只是将材料成本、能源动力成本、人工成本和制造费用等进行简单地相加而得出产品成本,不对生产步骤进行划分,导致成本无法分配到对应的工序和作业环节中,从而使得产品的定价不准确,影响了产品在市场上的竞争优势。另一方面,W 钢铁公司实施的低成本高效率方针,致使各个部门为了压低成本提高效率而产生恶性竞争,公司的每个部门只追求自己的利益,而忽略了公司整体的利益。产品核算只关注生产过程中的资金流,而忽略其他的一些成本,最终造成产品价格与实际相互脱离,无法准确计算产品总成本,同时使成本管理措施不能有效降低成本。

4. 缺乏对仓储成本的管理

仓储成本的合理控制,可以维持企业的生产并为客户提供满意的服务。W 钢铁公司由于对市场需求调查不到位,对公司生产状况了解不充分,导致产品积压,增加了仓储成本。相比同行业企业,W 钢铁公司在仓储费用上并没有实施实质性成本管理措施,或者成本管理措施设置不合理。

5. 成本管理范围小

W 钢铁公司将成本管理范围局限于采购环节后与销售环节前,即只注重生产环节的成本管理,认为实现生产成本的降低就能压低售价,在市场上形成价格优势。公司仅局限于控制内部价值链的成本,在供货商的选择上耗费大量的时间,在销售费用、管理费用等成本上消耗较多的资金,因此无法形成整个价值链的优势。

思考:

W 钢铁公司应如何破除成本费用管控的困境?

知识准备

任务一 成本费用内部控制概述

在当前市场经济环境下,现代企业要提升盈利水平,在提高产品质量的同时降低产品生产成本,使经营过程中的资本消耗按照预期的方向发展,避免不必要的成本费用支出,加强企业成本费用管理与控制的重要性愈加明显。

一、成本费用的概念及特点

（一）成本费用的概念

成本,是指可归属于产品成本、劳务成本的直接材料、直接人工和其他直接费用,不包括为第三方或客户垫付的款项。费用,是指企业在日常活动中发生的、会导致所有者权益减少的、与所有者分配利润无关的、除成本之外的其他经济利益的总流出。

（二）成本费用的特点

成本费用在企业内部发生的次数频繁,空间广泛,具有以下特点:

(1) 范围广泛、项目繁多。成本费用几乎贯穿企业生产经营活动的所有环节。

(2) 最终会减少企业的利润。

(3) 最终会减少企业所有者权益。

二、成本费用内部控制的概念及目标

(一)成本费用内部控制的概念

成本费用内部控制是指对企业费用的发生和成本的形成等一系列业务行为进行的监控。成本费用内部控制是由企业董事会、监事会、经理层和全体员工实施的,旨在实现成本费用控制目标的过程。

(二)成本费用内部控制的目标

根据成本费用业务的特点以及经营管理的要求,其内部控制目标有:

1. 保证成本费用的合法性

企业的各项成本费用开支,要符合国家有关财经法规的要求,遵守成本费用的开支范围与标准,以保证成本费用开支的合法性。

2. 保证成本费用开支的合理性

在产品定价不变的情况下,企业通常要力争通过降低成本费用以提高在市场上的竞争力;通过完善成本费用控制系统,加强对成本费用合理性的控制,降低成本,提高效益。

3. 保证成本费用核算的正确性

真实、可靠的成本费用信息,既是企业管理当局进行成本费用管理与控制的重要资料,又是制定价格的重要依据。成本费用会计控制的目标之一,就是要保证会计系统能及时、正确地进行各种成本费用的核算。

4. 保证成本费用及相关信息的准确可靠

成本费用及相关信息是企业内部及与利益相关部门和人员重要的财务成本资料,企业应当保证成本及相关信息的真实性、完整性,以及在会计报表上的正确披露。

三、成本费用内部控制的总体要求

企业应当建立健全成本费用管理制度,全面梳理成本费用管理流程,明确规定管理机构和人员的职责权限和审批程序,合理划分期间费用和成本的界限,科学制定成本费用定额,准确编制成本计划,及时发现成本费用预测、决策、预算、控制、核算、分析和考核等管理过程中的薄弱环节,采取切实有效的改进措施。成本费用内部控制总体要求包括:

(一)成本费用内部控制的基本要求

1. 不相容岗位完全分离

企业应当明确规定成本费用管理部门和相关岗位的职责权限,确保办理成本费用业务的不相容岗位完全分离,以便相互制约和监督。成本费用业务的不相容岗位至少包括:

(1)成本费用定额、预算的编制与审批。

(2)成本费用支出与审批。

(3)成本费用支出与相关会计记录。

不相容岗位分离是企业成本费用内部控制成功实施的重要基础条件之一,做到不相容岗位相分离是保证其他业务流程顺利进行的必要前提。不相容岗位的分离能够有效地防止成本浪费、成本舞弊等,以达到保护企业资产、提高经营效率的目的。

2. 配备合格的管理人员

企业应当配备合格的管理人员办理成本费用业务,并定期进行调整和更换。管理人员应当具备良好的业务知识和职业道德,遵纪守法,客观公正。

3. 严格授权批准制度

一般情况下,成本费用的审批授权先由股东授予董事会,董事会再根据企业的实际情况判断各项审批权的重要性水平并进行权力分配,即授予总经理或分管副总,避免权力集中,做到相互制约、合理分配权力。

企业应当明确审批人对成本费用业务的授权批准方式、权限、程序、责任和相关控制措施,规定经办人办理成本费用业务的职责范围和工作要求。审批人应当根据成本费用授权批准制度的规定,在授权范围内进行审批,不得超越审批权限。经办人应当在职责范围内,按照审批人的意见办理成本费用业务。

(二)成本费用内部控制的具体要求

1. 成本费用预测、决策与预算控制

(1)加强成本费用预测。企业应当根据整体战略目标、历史成本费用数据、同行业及同类型标杆企业的有关成本费用资料等,运用本量利分析、投入产出分析等方法,科学预测未来的成本费用水平及发展趋势。成本费用预测应当充分考虑有关不确定因素,制定成本费用定额标准,并提出可供决策的多种方案。

(2)科学进行成本费用决策。企业应当对成本费用预测提供的各种方案进行综合评价和分析,本着合理降低成本费用的原则选择最优预测方案,确立企业的成本费用管理目标。

(3)完善成本费用预算制度。企业应当根据成本费用决策确定的目标,建立和完善成本费用预算制度。通过编制成本费用预算,将企业的成本费用管理目标具体化,以便实施成本费用控制。

2. 成本费用执行控制

(1)加强成本费用支出审批。企业应当根据成本费用预算和支出标准的性质,按照授权批准制度所规定的权限,对费用支出申请进行审批。

(2)推行成本费用责任制度。企业应当根据成本费用预算、定额和支出标准,指定专人分解成本费用指标,落实成本费用责任主体,记录有关差异,及时反馈有关信息,保证成本费用预算的有效实施。

(3)严格控制成本费用支出。企业应当规范成本费用开支项目、标准和支付程序,从严把控成本费用支出。对未列入预算的成本费用项目,如果确需支出,应当按照规定程序申请追加预算。对已列入预算但超过开支标准的成本费用项目,应当由相关部门提出申请,报上级授权部门审批。

(4)关注成本费用的内部转移。对于企业内部相互提供劳务和转移产品、零部件等业务,成本费用的确认应当本着有利于转出、转入双方和企业整体利益的原则,采取相应的控制措施。

(5)严格审核成本费用项目。企业财会人员在办理费用支出业务时,应当根据责任主体的成本费用支出申请,对发票、结算凭证等相关凭据的合法合规性、真实性、完整性等进行严格审核,充分发挥会计的监督作用。

3. 成本费用核算控制

(1)健全成本费用核算制度。企业应当根据自己的生产经营特点和管理要求,建立健全成本费用核算制度,保证各项成本费用的确认、计量、记录和报告规范、合理。

（2）树立全面核算观。企业既要对产品生产费用和成本进行核算，又要对材料采购成本、存货储存成本、产品销售成本等进行核算。

（3）正确归集和分配成本费用。

① 成本的确认和计量应当符合国家统一会计准则制度的规定，保证核算资料的合法性、合规性。

② 成本费用核算应当与客观经济事项相一致，以实际发生的金额计价，不得虚列、多列、不列或者少列成本费用，不得人为降低或提高成本，应保证核算资料的客观真实性。

③ 成本费用应当分期核算，一定期间的成本费用必须与获得的相关收入相配比，保证核算资料的相关性。

④ 成本费用的计算方法应当保持较长时期的稳定，不得随意改变。确需变更成本计算方法时，应当经过有效审批，保证核算资料的可比性。

⑤ 成本费用的归集和分配应当考虑重要性原则，保证核算资料对企业决策的实用性。

4. 成本费用分析与考核控制

（1）加强成本费用分析。企业可以运用比较分析法、比率分析法、因素分析法、趋势分析法等方法开展成本费用分析，检查成本费用预算的完成情况，分析产生差异的原因，寻求降低成本费用的途径和方法。

（2）完善成本费用内部报告。企业应当建立成本费用内部报告制度，要求有关部门实时监控成本费用支出情况，发现问题及时上报。

（3）定期考核成本费用情况。企业应当对相应的成本费用责任主体定期考核，并实行奖惩。

（4）加强成本费用监督检查。企业应当制定成本费用监督检查制度，明确监督检查人员的职责权限，定期和不定期地开展检查工作。检查内容包括：

① 成本费用业务相关岗位及人员的设置情况。

② 成本费用授权批准制度的执行情况。

③ 成本费用预算制度的执行情况。

④ 成本费用核算制度的执行情况。

四、成本费用主要业务流程

根据成本费用业务的内容和运行环节，企业成本费用的内部控制流程大致可以分为四个环节：成本费用预算控制、成本费用一般支出控制、成本费用核算控制和成本费用分析与考核控制。

成本费用内部控制活动不是简单地限制成本费用发生，而是一项系统工程，是事前控制、事中控制和事后控制相结合的控制活动。成本费用业务流程如图7-1所示。

📋 **例题 7-1** （单项选择题）下列各项中，不属于成本费用预测、决策与预算控制环节要求的是（　　）。

A. 加强成本费用预测　　　　　B. 科学进行成本费用决策

C. 完善成本费用预算制度　　　D. 推行成本费用责任制度

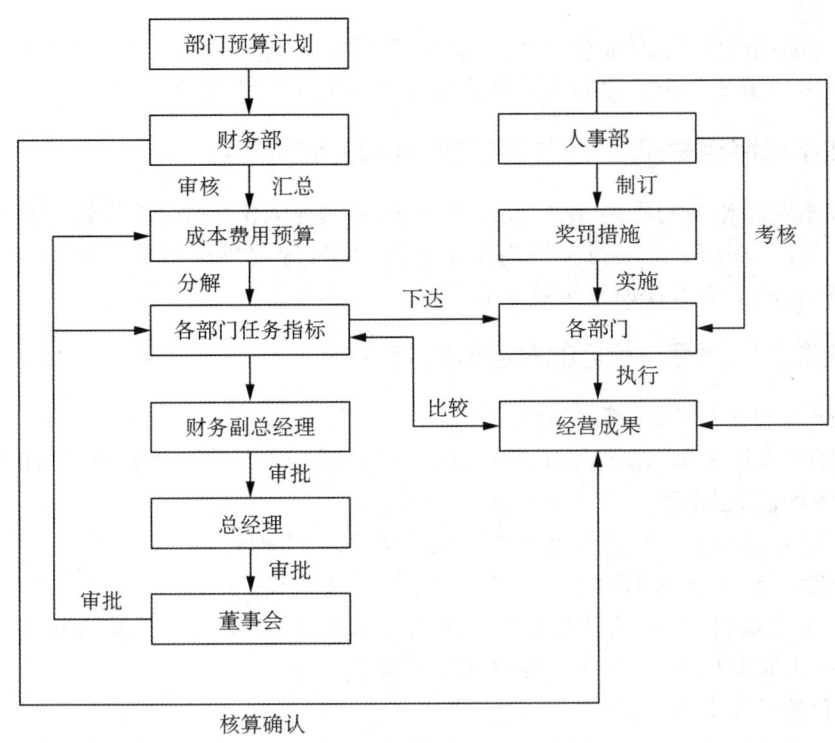

图 7-1　成本费用业务流程

答案：D

解析： 企业成本费用预测、决策与预算控制环节的要求包括加强成本费用预测、科学进行成本费用决策和完善成本费用预算制度。

例题 7-2 （多项选择题）下列各项中，属于成本费用控制活动的有（　　　　　）。

A. 成本费用预测、决策与预算控制　　　B. 成本费用执行控制

C. 成本费用核算控制　　　　　　　　　D. 成本费用分析与考核控制

正确答案： ABCD

解析： 企业成本费用业务的内部控制流程可分为四个环节：成本费用预算控制、成本费用一般支出控制、成本费用核算控制和成本费用分析与考核控制。

任务二　成本费用业务内部控制的关键风险点

企业应当根据所设定的成本费用控制目标，全面系统持续地收集相关信息，及时识别、系统分析经营活动中与实现成本费用内部控制目标相关的风险，及时进行风险评估，合理确定风险应对策略。企业至少应当关注涉及成本费用的下列风险：

（1）成本费用支出违反国家法律法规，可能遭受外部处罚、经济损失和信誉损失。

（2）成本费用支出未经适当审批或超越授权审批，可能因重大差错、舞弊、欺诈而导致损失。

（3）成本费用预测不科学、不合理，可能因成本费用支出超预算或者预算外支出导致

企业权益受损。

（4）成本费用的核算和相关会计信息不合法、不真实、不完整,可能导致企业财务报告失真。

企业成本费用业务应关注的主要风险点具体表现为以下六种：

一、成本费用相关部门和机构岗位设置的关键风险点

企业成本费用相关的机构、岗位设计不科学、不健全,部门和岗位设置的职责不清晰,未实现不相容岗位分离,未实行关键岗位限制性要求,导致机构重叠或缺失,岗位职责和任职条件不明,成本费用管理工作效率低下。

二、成本费用预算与执行的关键风险点

（一）成本费用计划（预算）风险
成本费用计划（预算）制定、分解、执行、调整不当,影响企业生产经营活动的稳定运行。

（二）生产流程风险
生产流程未能根据生产需求进行设计或优化,影响生产效率。

（三）采购计划（预算）风险
企业未按规定编制、审批、调整、执行需求或采购计划,需求或采购计划不准确、不合理,造成库存短缺或积压,导致生产停滞或资源浪费。

（四）业务环节处理风险
业务环节处理不当或处理不及时,如合同执行、信用审批、价格政策执行、对账、出入库处理、盘点、原始单据传递和处理等业务环节发生差错或处理不及时,影响财务报告质量。

（五）产品结构风险
产品结构不合理,或产品结构没有根据市场需求变化和技术更新换代进行调整,导致企业竞争力下降、客户流失和收益下降。

三、信息系统的关键风险点

（一）信息系统权限管理风险
信息系统权限管理不当,导致系统及数据未经授权即可访问或不适当访问。

（二）信息化项目应用与运维管理风险
信息化项目运行维护不当、系统功能不能充分利用,造成资源浪费,影响正常生产经营。

（三）信息收集风险
信息收集不及时或收集成本过高,违反成本效益原则,影响经营决策和应对。

四、质量执行的关键风险点

未严格按照质量标准体系执行包括原材料采购、产品生产、存储以及交付等环节在内的产品质量控制,导致产品质量不合格,企业利益和声誉受损或引发诉讼风险。

五、成本费用管理的关键风险点

（一）成本费用经营风险
成本费用支出不合理,审核不严格,控制措施不力,导致资源浪费、资金流失、预算失

控,影响企业效益。

(二)成本费用财务风险

不能合理归集、分配、摊提、结转成本费用,致使财务报表不能真实反映成本费用,造成舞弊或欺诈,虚假列支成本、虚假报销费用等行为,导致企业利益受损。

(三)成本费用合规风险

成本费用支出不符合国家有关法律法规和企业内部规章制度,造成企业利益受损。

(四)成本费用核算风险

随意改变费用、成本的确认标准、计量方法或分摊原则,虚列、多列、不列或者少列费用、成本等情况,导致财务信息质量不高,财务报告有失公允,被监管机构处罚。

六、成本费用分析与考核的关键风险点

对成本费用的支出缺乏有效监控,支出情况不能及时反馈和沟通;成本费用预算等分析不正确、不科学,与实际情况有差异,未及时跟进解决差异的原因,削弱预期执行管控的效果;成本费用考核不合理,影响预算的权威性和执行效果,影响企业实现战略、经营目标。

📑 **例题 7-3** (判断题)企业的成本费用预算是以企业的利润预算为基础的。　　(　　)
答案: 错
解析: 成本费用预算要服从和服务于企业的全面预算,要以销售预算和生产预算为基础。

任务三 成本费用业务内部控制的关键措施

一、成本费用相关部门和机构岗位设置的关键措施

(一)建立健全成本费用的控制制度

企业应当建立成本费用管理制度,提交具有相应权限的人员进行审批后执行。成本费用管理制度包括但不限于各种生产成本的合规计入与合理匹配、差旅费管理、业务招待费管理、通信费管理、运输费管理、罚款捐赠支出管理等内容。管理制度应明确各项成本费用的确认方法、审批权限等。

(二)划分成本费用相关责任中心

企业应当划分成本费用相关责任中心,明确相应的责任目标,在确定职权和岗位分工过程中应当体现不相容职务相互分离的要求。成本费用的支出主要包括生产及管理部门,其不相容岗位包括但不限于采购的申请与审批、采购的审批与执行、询价与确定供应商、采购合同的订立与审核、采购和验收与相关会计记录、付款的申请及审批与执行、采购的执行与监督等。费用管理不相容岗位包括但不限于费用定额和预算的编制、调整与审批,费用付款申请、审核及审批,费用支出与相关会计记录。

二、成本费用预算与执行的关键措施

(一)落实企业成本费用预算

(1)企业成本费用计划(预算)的编制、分解与下达。

（2）企业成本费用及生产计划（预算）和方案的编制、审批与下达。企业依据确认的年、季、月度生产经营计划编制本单位生产计划（预算），经部门负责人审核，按照规定权限审批后下达生产单位或管理部门；计划（预算）内成本费用支出的审批，在费用发生前，应提交费用发生的依据或申请，经相关部门负责人审核确认，按各企业规定的权限审批后办理。

（二）执行成本费用

（1）企业生产部门依据成本费用预算编制一般材料需求计划，由相关部门负责人审批后交采购部门。

（2）企业生产或相关部门根据成本费用预算，指定专人按月平衡并编制生产单位的物料平衡表等，由相关部门负责人审核确认后组织生产。

（3）企业生产部门、辅助生产部门应建立现场操作记录。材料、动力消耗记录和统计，应由记录人员和相关负责人审核，按月建立劳务、动力等分配表，由部门负责人审核；企业统计、技术、计量等部门每月核对物料出入库、动力、消耗等统计数据，按月或规定的时间录入信息系统或 ERP 系统。生产成本数据的统计、核对，应为期末成本费用的正确归集提供依据。

三、信息系统的关键措施

维护成本费用信息系统主数据。企业指定专人按照相关制度及会计核算办法的规定，正确区分产品价格、自制半成品价格及相关产品的权属，经相关权限批准后进行操作，在信息系统中维护相关生产成本费用。

四、质量执行的关键措施

企业质量检验部门检查、设立产品质量记录，并编制产品质量报告，将其作为部门业绩考核指标列入考核奖惩制度。

五、成本费用管理的关键措施

（一）成本费用归集和控制

1. 原材料、辅助材料及动力消耗控制

企业相关部门指定相关人员根据生产管理等部门提供的、经其部门负责人审核的原材料、辅助材料及动力消耗表等基础资料，在信息系统中提交申请，由相关权限人员进行操作，归集原材料、辅助材料及动力消耗等相关成本费用；对于费用报销管理，企业应负责审核费用报销手续完备性、业务真实性、原始单据合规合法性，并在完成审批流程后进行报销。

2. 人工成本控制

企业应当建立人工成本控制制度，明确人工成本的确认标准、计量方法、分摊原则等，合理设置工作岗位，以岗定责、以岗定员、以岗定酬，通过实施严格的绩效考评与激励机制，控制人工成本。

3. 修理费用控制

企业指定专人根据资产使用单位及设备管理等部门负责人审批的原始单据，在信息系统中提交申请,由相关权限人员归集修理费用,并在期末全部结转至管理费用。

4. 折旧费用的提取与审批

由相关权限人员负责按月计算固定资产折旧,进行账务处理,并经具有相应权限的人员审批。

5. 折旧费用的核对

企业财务部门每月核对财务账表和资产管理部门的固定资产记录,以保证折旧的准确性。

6. 其他费用支出控制

企业根据安全、环保、绿化、消防、科研等费用支出专业管理部门负责人审批后的费用使用情况,由相关权限人员在系统中维护,按规定进行核算及管理,并进行账务处理。

7. 安全生产费用的计提

因保障安全生产需计提高危行业安全生产费用的企业,应按照国家相关制度的规定,合理计算安全生产费金额,在企业相关部门负责人审批后进行账务处理。

8. 期间费用控制

企业应根据期间费用的核算原则及相关规定予以归集。

(二) 成本费用分配

1. 跨期成本

企业依据有关规定计算和分配跨期成本时,需附计算依据,并在财务部门负责人审批后进行账务处理。

2. 成本费用的分配

(1) 企业财务部门成本核算人员每月执行成本分摊及相关成本过账,并保证分摊结平;企业相关权限人员在信息系统中维护分摊、分配循环、成本中心作业价格,执行成本分摊及相关成本过账,并保证分摊结平。

(2) 各种成本费用的分摊、分配规则(如系数、权重、比例等)不得随意更改,如要更改,须获得财务部门负责人审批,并予以披露。

(3) 企业对已发生但未收到发票以及暂无结算依据的费用,依据实际情况和有关证据,经相关管理部门确认、审核后进行账务处理。

3. 产成品成本及单位生产成本计算

企业计算产成品成本及单位生产成本时,应按有关规定结转原材料、在产品及半成品等成本,编制相关报表,计算产成品成本及单位生产成本。

4. 企业成本费用的归集分配与控制

企业成本费用的归集分配与控制,应根据"权责发生制""实质重于形式"等如实列支,对于会计政策、相关规则标准等的变更,需按权限进行审批,并予以披露。

六、成本费用分析考核的关键措施

(一) 生产和财务部门

企业生产和财务部门应按照年度计划和预算指标、月度计划和预算安排,每月对成本费用支出情况进行分析,对重大计划和预算执行差异应重点分析原因,提出相关管理措施;企业应定期召开经济活动分析会,分析成本费用实际完成情况及偏离预期目标的原

因,并向企业管理层汇报。

(二)绩效考核部门

企业绩效考核部门应会同财务等部门制定本企业成本费用控制的绩效考核办法;财务部门应定期向成本费用使用单位和部门反馈其费用预算的执行情况;成本费用使用单位和部门应就可能突破预算指标的事项制定相应控制措施,由其部门负责人审批后执行;企业财务部门向绩效考核部门提供成本费用计划和预算的完成情况,由绩效考核部门按照内部考核办法对其进行考核。

例题 7-4 (论述题)企业在进行成本费用预测、预算及决策时,应注意哪些关键控制点?

解析:(答案不唯一,合理即可。)

(1)设置专门的岗位,做好成本费用的预算工作。成本费用预测、预算及决策人员要具备经济、管理及数学等方面知识,做到成本费用预算的编制与审批岗位相分离。

(2)应当结合本单位的实际情况,选择适合本单位的成本费用预测方法。

(3)成本费用预测、决策及预算必须建立在充分分析历史成本资料的基础上,相关部门应为此提供真实、完整的资料。在预算的制定过程中,各部门要相互协调、沟通。

(4)在编制成本费用预算时,一方面要避免直接根据过去的成本费用水平略加修改,另一方面要考虑市场、单位的成本费用控制水平。预测必须切合实际,确保成本费用预测及预算方案合理、模型科学、预测结果恰当。

任务四 成本费用业务内部控制实例

一、公司名称

江西新晟启环保科技有限公司。

二、设计依据

设计依据有:《企业内部控制基本规范》《企业内部控制应用指引第××号——成本费用(征求意见稿)》《企业会计准则》和《总会计师条例》等。

三、成本费用内部控制的设计方案

(一)建立严格岗位分工及授权批准制度

按照内部控制的要求,公司建立了成本费用开支业务的岗位责任制,明确相关部门和岗位的职责权限,确保办理成本费用业务的不相容岗位相互分离、制约和监督,如将业务计划审批与业务计划执行、成本费用预算审批与成本费用预算执行、物资保管与领用及记账等岗位相分离。同时,对成本费用开支业务建立严格的授权批准制度,明确审批人和经办人的不同职责范围和工作要求。

(二)实行成本费用控制责任会计体系

成本费用控制责任会计是企业会计体系的一部分,负责计量、传送和报告成本费用控制相关的信息,主要包括编制责任预算、核算预算的执行情况、分析评价和报告业绩三个部分。责任会计体系使经济活动责任化、责任归属层次化、责任报告人格化、责任考核定量化、经济核算规范化,为成本费用控制奠定了信息基础。

公司建立了完善的责任会计体系。公司确立责任单位,以责任单位为主体组织会计核算。将产品目标成本中的各项指标层层分解到分厂、车间、班组及职工个人,使厂内的每个环节都承担降低成本的责任,把市场压力及涨价因素消化于各环节;通过层层签订承包协议,联利计酬,把分厂、车间、班组、岗位和个人的责权利与企业的经济效益紧密地结合在一起;又将个人的全部奖金与目标成本指标完成情况直接挂钩,凡目标成本指标完不成的单位或个人,即使其他指标完成得再好,也一律扣发有关单位或个人的当日全部奖金;同时,为防止成本不实和出现不合理的挂账及待摊,确保成本的真实可靠,总厂每月进行一次全厂性的物料平衡,对每个单位的原材料、燃料进行盘点。

（三）实施资产保全控制

公司从质和量两方面加强实物资产的控制。首先,加强实物资产的数量控制,严格控制对实物资产的接触,只有经过授权批准的人员才能接触资产;定期进行实物盘点,并将盘点结果与会计记录进行比较,同时妥善保管会计记录,严格限制接近会计记录的人员,对主要资料要留有后备记录。同时,通过保险形式保护企业资产的安全。其次,加强实物价值的控制,定期对实物质量、市场价值进行检查,实事求是提取跌价和减值准备。

（四）实施人员素质控制

人是内部控制的主体,各种措施都需要具备相应素质的人来执行,如果人员素质不符合要求,控制措施就会失效,所以单位会计人员素质的控制非常重要。公司采取的措施具体包括:①制定有效的用人政策;②培养良好的职业道德和工作态度;③对会计人员及相关生产人员进行培训教育;④定期进行轮岗轮换。

其中值得一提的是,公司对会计和相关生产人员的培训。在绝大多数企业中,生产人员是不懂财务的,而会计人员对生产了解甚少。其后果是生产人员在成本费用控制具体执行过程中很难有财务上的概念,而会计人员制定的各项预算指标也不能很好地反映生产的具体情况。这些都会给预算管理及整个成本费用控制带来困难。在公司中,每个车间都有一定的人员接受基本的财务知识培训,会计人员也要去生产车间学习了解一段时间,这就能很好地避免上述的困难。

强化练习

一、单项选择题

1. 成本费用预测的预测步骤不包括（　　）。
   A. 确定预测目标
   B. 搜集预测资料
   C. 选择预算编制方法
   D. 建立预测模型
2. 成本费用预测常用的方法不包括（　　）。
   A. 目测法
   B. 高低点法
   C. 回归分析法
   D. 平行结转分步法
3. 企业应当根据生产经营特点和管理要求,选择合理的成本计算方法。下列不属于企业常用成本计算方法的是（　　）。

    A. 品种法   B. 分批法   C. 分步法   D. 回归分析法

4. 期间费用的主要控制方法不包括(　　　)。

    A. 预算控制法   B. 定额控制法

    C. 归口分级管理法   D. 审批控制法

5. 以下属于成本费用事前控制内容的是(　　　)。

    A. 成本费用预算   B. 成本费用核算

    C. 成本费用分析   D. 成本费用报告

6. 以下属于成本费用事中控制内容的是(　　　)。

    A. 成本费用控制目标   B. 成本费用核算

    C. 成本费用分析   D. 成本费用报告

7. 成本费用分析属于成本费用控制中的(　　　)。

    A. 事前控制   B. 事中控制

    C. 事后控制   D. 预算控制

8. 成本费用预算以企业的(　　　)为基础,由成本费用消耗部门根据成本费用预测结果进行编制。

    A. 生产经营预算   B. 销售预算

    C. 现金预算   D. 投资预算

9. 根据生产计划编制日常采购计划的部门是(　　　)。

    A. 计划部门   B. 财会部门   C. 生产部门   D. 供应部门

10. 适用于大批量、多步骤生产的成本计算方法是(　　　)。

    A. 品种法   B. 种类法   C. 分批法   D. 分步法

二、多项选择题

1. 根据成本费用业务的特点以及经营管理的要求,下列属于成本费用内部控制目标的有(　　　)。

    A. 保证成本费用的合法性

    B. 保证成本费用开支的合理性

    C. 保证成本费用核算的正确性

    D. 保证成本费用及相关信息的准确可靠

2. 按照责任和控制范围大小,责任中心可以分为(　　　　)。

    A. 投资中心   B. 成本中心   C. 利润中心   D. 管理中心

3. 成本费用业务的不相容岗位包括(　　　)。

    A. 成本费用定额、预算的编制与审批   B. 成本费用支出与审批

    C. 成本费用支出与相关会计记录   D. 成本费用预算执行与监督评估

4. 企业建立的成本费用授权批准体系主要包括(　　　)。

    A. 授权批准的范围   B. 授权批准的层次

    C. 授权批准的责任   D. 授权批准的程序

5. 下列各项中,属于成本费用预测、决策与预算控制环节要求的有(　　　　)。

    A. 加强成本费用预测   B. 科学进行成本费用决策

    C. 完善成本费用预算制度   D. 推行成本费用责任制度

三、判断题

1. 成本费用内部控制活动不是简单地限制成本费用发生,而是一项系统工程,是事前控制、事中控制和事后控制相结合的控制活动。 （　　）

2. 企业只能在固定预算、弹性预算、零基预算、滚动预算、概率预算等方法中选择一种方法编制成本费用预算。 （　　）

3. 成本费用预算要服从和服务于企业的全面预算,要以销售预算和生产预算为基础。 （　　）

4. 成本计算方法应当在各期保持一致,变更成本计算方法应当经过有效审批。 （　　）

5. 成本费用预测必须建立在充分的历史成本资料基础上,由企业通过分析并结合相关调研来进行。 （　　）

四、简答题

试列举成本费用内部控制活动中的新方法和新理念。

素养园地

秉承发展观念,与时俱进控成本

发展的观点是唯物辩证法的总特征之一。发展的实质是前进上升的运动和变化,即新事物的产生和旧事物的灭亡。企业在发展的过程中要坚持用发展的观点看问题。前例中 W 钢铁公司坚持采用低成本策略,却在成本费用管控上陷入困境,缺乏对国内外市场供应商信息的充分了解,日常成本核算受限于传统成本法,究其原因是企业在面临时代的变革时,未采用发展的观念看待问题。

现如今全球经济一体化,竞争异常激烈,成本优势的取得对于一个企业的生存是至关重要的。而成本优势的取得绝对不限于成本本身,应从管理的高度去挖掘降低成本和获取效益的潜力。企业管理者要及时转变传统狭隘的成本观念,结合企业实际,充分运用现代的先进成本控制方法加强企业的竞争力,不断学习和掌握数字经济下的新技术、新技能、新知识,适应新业态新模式的人力资源需求,牢牢抓住产业数字化赋予的新机遇。

项目八 财务报告业务内部控制

思维导图

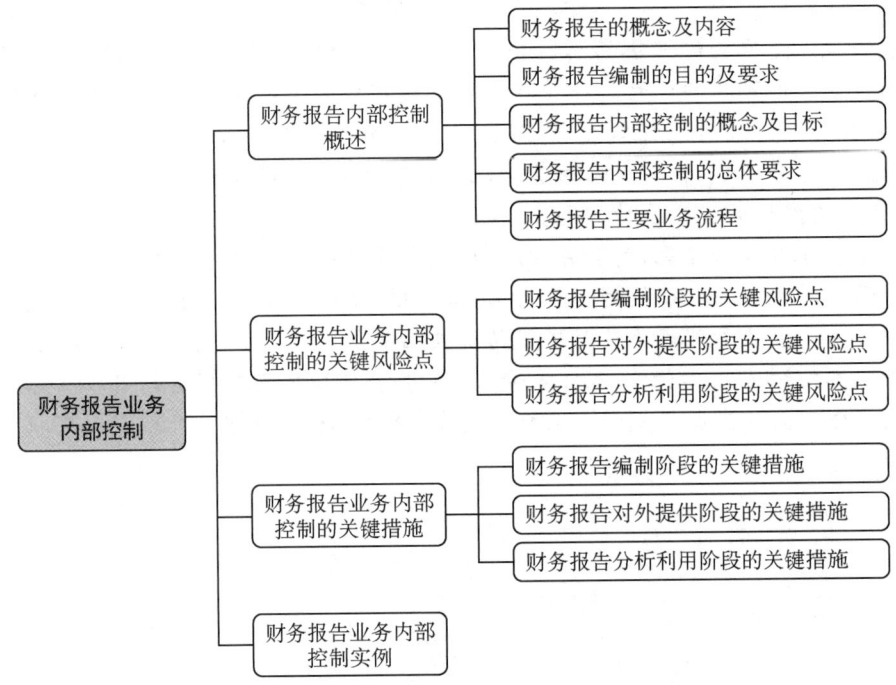

学习目标

知识目标

(1) 理解财务报告的概念及特点。

(2) 理解财务报告内部控制的目标。

(3) 掌握财务报告的业务流程和环节。

(4) 掌握财务报告业务中的主要风险点。

(5) 掌握财务报告业务中的控制措施。

能力目标

(1) 能够准确梳理财务报告业务流程,明确业务环节。
(2) 能够准确分析财务报告业务风险,确定主要风险点。
(3) 能够督促企业有效实施财务报告业务内部控制制度。

素养目标

(1) 增强内控意识,坚守职业操守。
(2) 培育经世济民、诚信服务、德法兼修的价值信念。

案例导入

创业板造假第一案

万福生科股份有限公司(以下简称"万福生科")于 2011 年 9 月 27 日在创业板上市,发行了 1 700 万股股票,每股发行价格为 25 元,募集资金共 42 500 万元。仅一年之隔,2012 年 9 月 15 日,万福生科发公告称收到湖南监管局《立案稽查通知书》,因公司涉嫌违反有关证券法律法规,湖南监管局决定对公司进行立案稽查。2012 年 9 月 18 日晚间,万福生科再次公告被证监会稽查总队立案调查的情况。相隔两个交易日,被证监会与证监局分别立案调查,相继曝出财务造假和信息披露违规等事项,万福生科创造了多项创业板上市公司的负面纪录。万福生科财务造假案也被称为"创业板造假第一案"。

2012 年 8 月 22 日,万福生科发布上市后的第一份半年报,预付账款余额超过 3 亿元,"账表不符",且预付账款上年同期仅有 0.2 亿元。公司财务总监解释称为了让报表好看一点,将部分预付账款重分类至在建工程等其他科目。证监局现场检查组意识到如此畸高的预付账款绝对不正常,立即追查预付款的去向。检查组在通过银行追踪资金真实去向时发现,账上所列预付 8 036 万元设备供应款没有打给供应商(法人),而是打给自然人;比对后发现下游回款不是客户(法人)打进来的,而是自然人打进来的。在确定万福生科银行回单涉嫌造假的违法事实之后,湖南证监局立即于 2012 年 9 月 14 日宣布对其立案调查,从此揭开了一个伪造银行回单 14 亿元、虚构收入 9 亿多元的惊天大案。

万福生科自 2012 年 9 月 19 日起停牌。一个月之后,公司表示,经公司初步自查,2012 年中报①存在虚假记载和重大遗漏。公告指出,万福生科 2012 年半年报中虚增营业收入 1.88 亿元、虚增利润 4 023.16 万元。按其最新修改的中报,2012 年上半年万福生科亏损了 1 367.84 万元,同比下降 143.87%。万福生科最新发布的三季报显示,公司业绩继续下降。前三个季度实现营业收入 1.81 亿元,同比减少 54.23%;前个三季度亏损 93.41 万元,同比减少 101.55%。万福生科还预计 2012 年度业绩比去年同期下滑 75% 以上,甚至有可能出现亏损。同时,万福生科的公告显示,其收入前五大客户存在重大变动,存在着虚拟合同以及随意造假的行为。

---

① 中报:指上市公司中期报告,即公司上半年的财务报表。

证监会在官方网站上公布了对万福生科涉嫌欺诈发行上市和上市后信息披露违规等事项的调查结果。调查结果显示,2008年—2010年,公司分别虚增销售收入约12 000万元、15 000万元和19 000万元,虚增营业利润约2 851万元、3 857万元和4 590万元;2011年年报和2012年半年报,公司分别虚增销售收入28 000万元、16 500万元,虚增营业利润6 635万元、3 435万元。

探究万福生科的造假模式可发现,万福生科在创业板上市前,实际控制人龚永福及其妻子杨荣华持有80.38%的股份。龚永福的三个小姨子中的两人分别负责采购与销售,是典型的家族式企业,缺乏有效的内部监管。万福生科的造假模式是用公司的自有资金注入体外循环,同时虚构粮食收购和产品销售业务,虚增销售收入和利润。证监会稽查组负责人介绍,万福生科造假案是集系统性、隐蔽性、独立性为一体的,它采取成本倒算制,使得财务报表整体十分平衡,很难从表面上发现问题。

对此,证监会责令万福生科改正违法行为,罚款30万元。对万福生科董事长兼总经理龚永福给予警告,罚款30万元,同时对龚永福和财务总监覃学军采取终身市场禁入措施,并移送公安机关追究刑事责任。

思考:

(1) 如何确保财务报告合法合规、真实完整和有效利用?

(2) 企业如何在财务报告控制过程中防范财务报告风险?

知识准备

任务一 财务报告内部控制概述

一、财务报告的概念及内容

(一) 财务报告的概念

财务报告,是指企业对外提供的反映企业某一特定日期财务状况和某一会计期间经营成果、现金流量以及所有者权益等信息的书面文件,包括财务报表及其附注和其他应当披露的相关信息和资料。

(二) 财务报告的内容

财务报告由财务报表和其他财务报告组成。根据《企业会计准则第30号——财务报表列报》的规定,财务报表是对企业财务状况、经营成果和现金流量的结构性表述。财务报表的组成部分至少应包括资产负债表、利润表、现金流量表、所有者权益(股东权益)变动表和附注。

附注是对在资产负债表、利润表、现金流量表和所有者权益变动表等报表中列示项目的文字描述或明细资料,以及对未能在这些报表中列示项目的说明等,附注相关信息应当与资产负债表、利润表、现金流量表和所有者权益变动表等报表中列示的项目相互参照。

其他财务报告作为财务报表的辅助报告,其编制基础与方式可以不受会计准则约束,而以灵活多样的形式提供各种信息,内容十分广泛,包括企业社会责任报告等。

在财务报告体系中,最重要、最可靠的财务信息是由财务报表提供的,财务报表及其附注是财务报告的核心,其他财务报告则是财务报告的必要补充,它们共同构成一个完整的对外报告体系。

二、财务报告编制的目的及要求

(一)财务报告编制的目的

财务报告是企业财务信息对外报告的重要形式之一。高质量的信息披露是市场经济健康有序发展的重要条件,是企业投资者、债权人等利益相关方作出科学投资、信贷决策的重要依据,是市场经济条件下优化资源配置,引导资金流向的重要手段。通常认为财务报告目标包括反映受托责任观和决策有用观两项。

1. 受托责任观

受托责任观认为,编制财务报告的目的是反映企业管理当局的受托经管责任,帮助企业管理当局改善经营管理,帮助国家有关部门实现其经济与社会目标。

2. 决策有用观

决策有用观认为,编制财务报告的目的是向投资者、债权人、政府及其有关部门和社会公众等财务会计报告使用者提供与企业财务状况、经营成果和现金流量等有关的会计信息,有助于财务会计报告使用者作出经济决策。

(二)财务报告编制的要求

(1) 企业应当以持续经营为基础,根据实际发生的交易和事项,按照《企业会计准则》的规定进行确认和计量,在此基础上编制财务报表。

(2) 在编制财务报表的过程中,企业管理层应当利用所有可获得信息来评价企业自报告期末起至少 12 个月的持续经营能力。

(3) 除现金流量表按照收付实现制原则编制外,企业应当按照权责发生制原则编制财务报表。

(4) 财务报表项目的列报应当在各会计期间保持一致,不得随意变更。

(5) 性质或功能不同的项目,应当在财务报表中单独列报,但不具有重要性的项目除外。

(6) 财务报表中的资产项目和负债项目的金额、收入项目和费用项目的金额、直接计入当期利润的利得项目和损失项目的金额不得相互抵销,但其他会计准则另有规定的除外。

(7) 当期财务报表的列报,至少应当提供所有列报项目上一个可比会计期间的比较数据,以及与理解当期财务报表相关的说明,但其他会计准则另有规定的除外。

(8) 企业应当在财务报表的显著位置至少披露下列各项:编报企业的名称;资产负债表日或财务报表涵盖的会计期间;人民币金额单位;财务报表是合并财务报表的,应当标明。

三、财务报告内部控制的概念及目标

(一)财务报告内部控制的概念

财务报告内部控制是指针对企业财务报告编制、财务报告对外提供和财务报告分析利用等环节涉及的一系列活动进行的控制。

(二)财务报告内部控制的目标

财务报告内部控制是企业内部控制的子系统,是企业内部控制的重要组成部分。其内部控制目标是:

1. 合理保护资产安全、完整和提高使用效益

合理保护企业资产的安全、完整及对其的有效使用,使企业各项生产和经营活动有秩序、有效地进行,避免可能遭受的经济损失。

2. 合理保证会计信息真实、可靠和及时提供

合理保证会计信息及其他各种管理信息的真实、可靠和及时提供。避免因虚假记载、误导性陈述、重大遗漏和未按规定及时披露导致损失。

3. 保证企业管理层制定的各项经营方针、管理制度和措施的贯彻执行

通过会计核算和监督工作、财务管理工作,落实企业管理层的各项经营方针、管理制度和措施。

4. 提高经济效益

通过分析财务报表,发现可压缩和控制的成本、费用、支出,减少不必要的支出,以求企业经济效益最大化。

5. 合理防控重大差错、舞弊、欺诈等风险

通过财务报表编制、分析和评价,尽早、尽快地查明各种错误和弊端,及时、准确地制定和采取纠正措施,避免因重大差错、舞弊、欺诈而导致损失。

四、财务报告内部控制的总体要求

(一) 规范财务报告编制流程,明晰各岗位职责

按照《企业内部控制应用指引第 14 号——财务报告》的要求,企业应当严格执行国家相关会计法律法规,加强对财务报告编制、对外提供和分析利用全过程的管理,明确相关工作流程和要求,落实责任制。

企业应制定财务报告流程,结合企业自身管理要求和业务特点,全面梳理和优化财务报告编制、财务报告对外报送和财务报告分析利用等相关业务流程,加强业务流程的全过程管理。

企业的财会部门负责编制财务报告和分析报告等工作,企业各部门应及时向财会部门提供财务报告编制过程中所需信息,参与财务分析的各部门应积极促进财务报告的有用性,法律事务部门对财务报告对外提供环节的合法性和合规性进行审核。企业负责人对财务报告整体的真实性和完整性负责。企业总会计师或分管会计工作的负责人对于财务报告编制和财务报告分析利用等阶段的工作进行组织领导。

(二) 健全财务报告各环节授权批准制度

企业应建立健全财务报告编制、财务报告对外提供和财务报告分析利用等环节的授权批准制度,如对财务报告编制方案审批、重大交易和事项会计处理审批、会计政策和会计估计审批、对财务报告内容的审核审批等。

企业进行授权审批过程中需做好以下几项工作:第一,根据企业经济业务性质、组织机构设置和管理层级安排,建立分级管理制度;第二,规范审核审批的手续和流程,确保报送和进行审核审批的级别符合所授予的管理权限、申报材料翔实完整,签字盖章齐全、用印用章符合要求,切实履行检查审核义务而非流于形式等;第三,建立相关政策,限制对现有财务报告流程进行越权操作。任何越权操作行为,必须另行授权审批后方能进行,且授权审批文件应妥善归档。

（三）建立信息定期核对制度

企业应建立日常信息定期核对制度以规避会计人员因主观故意编造虚假交易、虚构收入、费用的风险，因业务能力不足导致的会计记录与经济业务实际发生的金额、内容不符的风险。

企业在日常会计处理中应及时进行对账，对于会计差异及时查明原因予以解决，保证账证相符、账账相符、账实相符，确保会计记录的数字真实、内容完整、计算准确、期间适当。

（四）充分利用会计信息技术

企业应当充分利用信息技术，以提高工作效率和工作质量，减少或避免编制差错和人为调整因素。同时企业要防范信息技术所带来的特有风险，定期更新和维护会计信息系统；建立访问安全制度；规范会计核算软件和计算机硬件的修改、升级和更换等的审批流程；做好数据源的管理；制定业务操作规范；指定专人负责信息化会计档案的管理；建立存储介质保存的会计档案管理工作。

五、财务报告主要业务流程

企业财务报告业务流程主要由财务报告编制、财务报告对外提供和财务报告分析利用三个环节构成。具体说来，财务报告业务包括制定企业财务报告编制方案、确定重大事项的会计处理、清查资产和核实债务、编制财务报告等内容。企业需结合自身的业务特点和管理方式全面梳理企业财务报告的流程，明确各个环节的关键风险控制点，并及时采取应对措施。财务报告业务流程如图 8-1 所示。

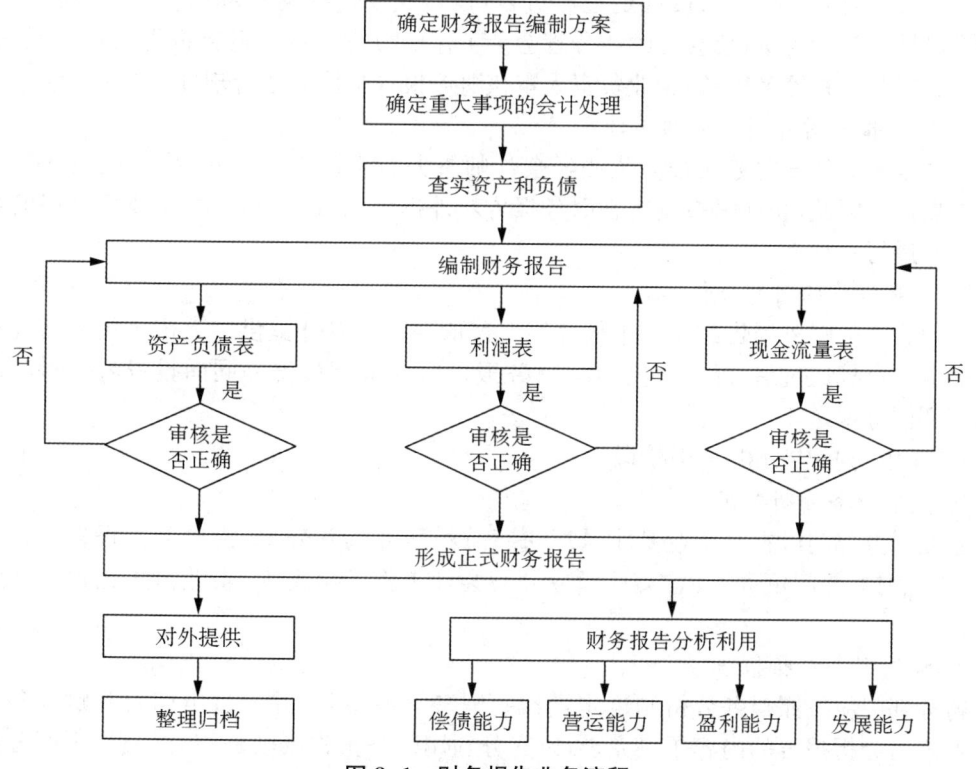

图 8-1　财务报告业务流程

（一）财务报告编制阶段

1. 制定财务报告编制方案

企业在编制财务报告之前,财务部门应制定财务报告编制方案,财务部门负责人应对财务报告方案进行审核。

2. 确定重大事项的会计处理

企业在编制财务报告前,应当确认对当期有重大影响的主要事项以及重大事项的会计处理。

3. 清查资产核实债务

企业在编制财务报告前,应组织财务和相关部门进行资产清查、减值测试和债权债务核实工作。

4. 结账

企业在编制年度财务报告前,应在日常定期核对信息的基础上完成对账、调账、差错更正等业务,然后实施关账操作。

5. 编制财务报告

企业应当按照国家统一的会计准则规定的财务报告格式和内容,根据登记完整、核对无误的会计账簿记录和其他有关资料编制财务报告,做到内容完整、数字真实、计算准确,不得漏报或者任意进行取舍。

（二）财务报告对外提供阶段

1. 财务报告对外提供前的审核

财务报告对外提供前需按规定程序进行审核,主要包括财务部门负责人审核财务报告的准确性并签名盖章;总会计师或分管会计工作的负责人审核财务报告的真实性、完整性、合法合规性,并签名盖章;企业负责人审核财务报告整体合法合规性,并签名盖章。

2. 财务报告对外提供前的审计

公司编制的年度财务报告需依法经会计师事务所审计,审计报告应随同财务报告一并对外提供。因此,企业需按规定在财务报告对外提供前,选择具有相关业务资格的会计师事务所进行审计。

3. 财务报告的对外提供

一般企业的财务报告经完整审核并签名盖章后即可对外提供。上市公司还需经董事会和监事会审批通过后方能对外提供,财务报告应与审计报告一同向投资者、债权人、政府监管部门等报送。

（三）财务报告分析利用阶段

1. 制定财务分析制度

企业财务部门应在对企业基本情况进行分析研究的基础上,提出财务报告分析制度草案,并经财务部门负责人、总会计师或分管会计工作的负责人、企业负责人检查、修改、审批。

2. 编写财务分析报告

财务部门应按照财务分析制度定期编写财务分析报告,并通过定期召开财务分析会议等形式对分析报告的内容予以完善,以充分利用财务报告反映的综合信息,全面分析企业的经营管理状况和存在的问题,不断提高经营管理水平。

3. 整改落实

财务部门应将经过企业负责人审批的报告及时报送各部门负责人,各部门负责人根据分析结果进行决策和整改落实。

例题 8-1 (单项选择题)编制财务报告的依据是( )。

A. 销售部门资料

B. 会计部门资料

C. 仓库部门资料

D. 登记完整、核对无误的会计账簿记录和其他有关资料

答案:D

解析:《企业内部控制应用指引第 14 号——财务报告》第 6 条指出:企业应当按照国家统一的会计准则制度的规定,根据登记完整、核对无误的会计账簿记录和其他有关资料编制财务报告,做到内容完整、数字真实、计算准确,不得漏报或者随意进行取舍。

例题 8-2 (单项选择题)对财务报告的真实性、完整性负责的是( )。

A. 财务主管　　　B. 总会计师　　　C. 销售主管　　　D. 企业负责人

答案:D

解析:《企业内部控制应用指引第 14 号——财务报告》第 4 条指出:企业负责人对财务报告的真实性、完整性负责。

任务二 财务报告业务内部控制的关键风险点

按照《企业内部控制应用指引 14 号——财务报告》的要求,企业编制、对外提供和分析利用财务报告,至少应当关注下列风险:

第一,企业财务报告的编制违反会计法律法规和国家统一的会计准则制度,导致企业承担法律责任、遭受损失和声誉受损。

第二,企业提供虚假财务报告,误导财务报告使用者,造成报告使用者的决策失误,干扰市场秩序。

第三,企业不能有效利用财务报告,难以及时发现企业经营管理中的问题,还可能导致企业财务和经营风险失控。

一、财务报告编制阶段的关键风险点

（一）制订财务报告编制方案的风险

会计政策未能有效更新,不符合准则;重要会计政策、会计估计变更未经审批,导致会计政策或会计估计不当;会计政策未能有效贯彻、执行;各部门职责、分工不清,导致数据传递出现差错、遗漏、格式不一致等;各步骤时间安排不明确,导致整体编制进度延后,违反相关报送要求。

（二）确定重大事项的会计处理的风险

重大事项,包括债务重组、非货币性交易、公允价值的计量、收购兼并、资产减值的会计处理不合法等;重大事项会计信息扭曲是无法反映实际交易的。

（三）清查资产核实债务的风险

资产、负债账实不符，虚增或虚减资产、负债；资产计价方法随意变更；未计提资产减值准备，或计提不当；提前、推迟甚至不确认资产、负债。

（四）结账的风险

账务处理存在错误，导致账证、账账不符；虚列或隐瞒收入，推迟或提前确认收入；随意改变成本费用的确认或计量标准；结账的时间、程序不符合相关规定；关账后又随意打开已关闭的会计期间等。

（五）编制财务报告的风险

财务报告编制程序存在问题；报告格式不符合要求；报告内容存在漏报或错报，误导使用者；附注内容不完整，披露不充分。

二、财务报告对外提供阶段的关键风险点

财务报告编制完成后需要经过审计、审核和对外提供等过程。

（一）对外提供前审核的风险

未按规定程序进行审核；对内容的真实性、完整性以及格式的合规性等审核不充分。

（二）对外提供前审计的风险

财务报告对外提供前未经审计；审计机构选择不合规，审计机构与企业串通舞弊。

（三）对外提供的风险

对外提供未遵循相关法律法规的规定，导致承担相应的法律责任；对外提供财务报告的编制基础、编制依据、编制原则和方法不一致，影响各方对企业情况的判断和经济决策；未能及时对外报送财务报告，导致财务报告信息的使用价值降低，同时也违反有关法律法规；财务报告在对外提供前提前泄露或使不应知晓的对象获悉，发生内幕交易，使投资者或企业蒙受损失。

三、财务报告分析利用阶段的关键风险点

（一）制定财务分析制度的风险

未建立财务分析制度，或虽建立但不符合企业实际情况，财务分析制度未充分利用企业现有资源；财务分析的流程、要求不明确；财务分析制度未经审批等。

（二）编写财务分析报告的风险

财务分析报告的目的不正确或者不明确，财务分析方法不正确；财务分析报告的内容不完整，未对本期生产经营活动中发生的重大事项作专门分析；财务分析局限于财务部门，未充分利用相关部门的资源，影响报告质量和可用性；财务分析报告未经审核等。

（三）整改落实的风险

财务分析报告的内容传递不畅，未能及时报送有关各部门获悉；各部门对财务分析报告不够重视，未对其中的意见进行整改落实。

例题 8-3 （多项选择题）企业编制、对外提供和分析利用财务报告，至少应当关注的风险有（　　　　）。

A. 企业财务报告的编制违反会计法律法规和国家统一的会计准则制度，导致企业承

担法律责任、遭受损失和声誉受损

B. 企业提供虚假财务报告,误导财务报告使用者,造成报告使用者的决策失误,干扰市场秩序

C. 企业不能有效利用财务报告,难以及时发现企业经营管理中的问题,还可能导致企业财务和经营风险失控

D. 会计政策变动的风险

答案:ABC

解析:本题考察的是内部控制的主要风险,见《企业内部控制应用指引第 14 号——财务报告》第 3 条。D 不是主要风险。

例题8-4 (多项选择题)企业在编制年度财务报告前,应当进行的主要工作有(   )。

A. 必要的资产清查   B. 减值测试

C. 债权债务核实   D. 内部控制有效性的测试

答案:ABC

解析:本题考察的是财务报告编制,见《企业内部控制应用指引第 14 号——财务报告》第 5 条。

任务三 财务报告业务内部控制的关键措施

一、财务报告编制阶段的关键措施

(一)制订财务报告编制方案

会计政策应符合国家有关会计法规和最新监管要求的规定。企业应按会计政策、会计准则和最新监管要求,及时更新内部会计制度和财务报告编制流程。

会计政策和会计估计的调整,无论是强制的还是自愿的,均须按照规定的权限和程序审批。

企业的内部会计规章制度至少要经财务部门负责人审批后生效,财务报告流程、年报编制方案应当经公司分管财务会计工作的负责人核准后签发。

企业应建立完备的信息沟通渠道,将内部会计规章制度和财务流程、会计科目表和相关文件及时有效地传达至相关人员,使其了解相关职责要求,掌握适当的会计知识、会计政策并加以执行。企业还应通过内部审计等方式,定期进行测试,保证会计政策有效执行,且在不同业务部门、不同期间保持一致。

应明确各部门的职责分工,总会计师或分管会计工作的负责人负责组织领导;财务部门负责财务报告编制工作;各部门应当及时向财务部门提供编制财务报告所需的信息,并对所提供信息的真实性和完整性负责。

应根据财务报告的报送要求,倒排工时,为各步骤设置关键时间点,并由财务部门负责督促和考核各部门的工作进度,及时进行提醒,对未能及时完成的部门进行相关处罚。

(二)确定重大事项的会计处理

企业应对重大事项予以关注,重大事项通常包括以前年度审计调整以及相关事项对当期的影响、会计准则的变化及对财务报告的影响、新增业务和其他新发生的事项及对财

务报告的影响等。企业应建立重大事项的处理流程,报管理层审批后,予以执行。

及时沟通需要专业判断的重大会计事项并确定相应会计处理方法。企业应规定下属各部门、各单位人员及时将重大事项信息报告至财务部门。财务部门应定期研究、分析并与相关部门组织沟通重大事项的会计处理,逐级报请总会计师或分管会计工作的负责人审批后下达各相关单位执行。

（三）清查资产核实债务

确定具体可行的资产清查、负债核实计划,安排合理的时间和工作进度,配备足够的人员、确定实物资产盘点的具体方法和过程,同时做好业务准备工作。

做好各项资产、负债的清查、核实工作,例如,核查原材料、在产品、自制半成品、库存商品等各项存货的实存数量与账面数量是否一致,是否有报废损失和积压物资等;核查账面投资是否存在,投资收益是否按照国家统一的会计准则进行确认和计量;核查在建工程的实际发生额与账面记录是否一致等。

对清查过程中发现的差异,应当分析原因,提出处理意见,取得合法证据,按照规定权限,审批后将清查、核实的结果及其处理办法向企业的董事会或者相应机构报告,并根据国家统一的会计准则制度的规定进行相应的会计处理。

（四）结账

核对各种账簿记录之间是否勾稽相符。

检查相关账务处理是否符合国家统一的会计准则制度和企业制定的核算方法。

调整有关账项,合理确定本期应计的收入和应计的费用,如计提固定资产折旧、计提坏账准备;属于本期的应计收益应确认计入本期收入。

检查是否存在因会计差错、会计政策变更等原因需要调整前期或者本期相关项目。对于调整项目,须取得和保留审批文件,以保证调整有据可依。

不得为了赶编财务报告而提前结账,或把本期发生的经济业务事项延至下期登账,也不得先编制财务报告后结账,应在当期所有交易或事项处理完毕并经财务部门负责人审核签字确认后,实施结账和关账操作。

如果在关账之后需要重新打开已关闭的会计期间,须填写相应的申请表,经总会计师或分管会计工作的负责人审批后进行。

（五）编制财务报告

企业财务报告列示的资产、负债、所有者权益应当真实可靠。各项资产计价方法不得随意变更,如有减值,应当合理计提减值准备,严禁虚增或虚减资产。各项负债应当反映企业的现时义务,不得提前、推迟或不确认负债,严禁虚增或虚减负债。所有者权益应当反映企业资产扣除负债后由所有者享有的剩余权益,由实收资本、资本公积、留存收益等构成。企业应当做好所有者权益保值增值工作,严禁虚假出资、抽逃出资、资本不实。

企业财务报告应当如实列示当期收入、费用和利润。一是各项收入的确认应当遵循规定的标准,不得虚列或者隐瞒收入,推迟或提前确认收入。二是各项费用、成本的确认应当符合规定,不得随意改变费用、成本的确认标准或计量方法,虚列、多列、不列或者少列费用、成本。三是利润由收入减去费用后的净额、直接计入当期利润的利得和损失等构成。不得随意调整利润的计算、分配方法,编造虚假利润。

企业财务报告列示的各种现金流量由经营活动、投资活动和筹资活动的现金流量构成,应当按照规定划清各类交易和事项的现金流量的界限。

按照岗位分工和规定的程序编制财务报告。一是财务部门制定本单位财务报告编制分工表,并由财务部门负责人审核,确保报告编制范围完整。二是财务部门报告编制岗位按照登记完整、核对无误的会计账簿记录和其他有关资料对相关信息进行汇总编制,确保财务报告项目与相关账户对应关系正确,计算公式无误。三是进行校验审核工作,包括期初数核对、财务报告内有关项目的对应关系审核、报表前后勾稽关系审核、期末数与试算平衡表和工作底稿核对、财务报告主表与附表之间的平衡及勾稽关系校验等。

按照国家统一的会计准则编制附注。附注是财务报告的重要组成部分。在附注中企业对反映企业财务状况、经营成果、现金流量的报表中需要说明的事项,作出真实、完整、清晰的说明。检查担保、诉讼、未决事项、资产重组等重大或有事项是否在附注中得到反映和披露。

财务部门负责人审核报表内容和种类的真实性、完整性,通过后予以上报。

二、财务报告对外提供阶段的关键措施

(一)财务报告对外提供前的审核

企业应严格按照规定的财务报告编制审批程序,由各级负责人逐级把关,对财务报告内容的真实性、完整性,格式的合规性等予以审核。

企业应保留审核记录,建立责任追究制度。

财务报告在对外提供前应当装订成册,加盖公章,并由企业负责人、总会计师或分管会计工作的负责人、财务部门负责人签名并盖章。

(二)财务报告对外提供前的审计

企业应根据相关法律法规的规定,选择具有资质的会计师事务所对财务报告进行审计。

企业不得干扰审计人员的正常工作,并应对审计意见予以落实。

注册会计师及其所在的事务所出具的审计报告,应随财务报告一并提供。

(三)财务报告的对外提供

企业应根据相关法律法规的要求,在企业相关制度中明确负责财务报告对外提供的对象,在相关制度性文件中予以明确并由企业负责人监督。例如,国有企业应当依法定期向监事会提供财务报告,至少每年一次向本企业的职工代表大会公布财务报告。上市公司的财务报告需经董事会、监事会审核通过后向全社会提供。

企业应严格按照规定的财务报告编制审批程序,由财务部门负责人、总会计师或分管会计工作的负责人、企业负责人逐级把关,对财务报告内容的真实性、完整性,格式的合规性等予以审核,确保提供给投资者、债权人、政府监管部门、社会公众等各方面的财务报告的编制基础、编制依据、编制原则和方法完全一致。

企业应严格遵守相关法律法规和国家统一的会计准则制度对报送时间的要求,对财务报告编制、审核、报送流程中的每一个步骤设置时间点,对未能按时、及时完成的相关人员进行处罚。

企业应设置严格的保密程序,对能够接触财务报告信息的人员进行权限设置,保证财务报告信息在对外提供前处于严格的保密状态。对财务报告信息的访问情况予以记录,

以便了解情况,及时发现可能的泄密行为,在泄密后及时找到相应的责任人。

企业对外提供的财务报告应当及时整理归档,并按有关规定妥善保存。

三、财务报告分析利用阶段的关键措施

(一)制定财务分析制度

企业在对基本情况分析时,应当重点了解企业的发展背景,包括企业的发展史、企业组织机构、产品销售及资产变动情况等,熟悉企业业务流程,分析研究企业的资产及财务管理活动。

企业在制定财务报告分析制度时,应重点关注:财务报告分析的时间、组织形式、参加的部门和人员;财务报告分析的内容、分析的步骤、分析方法和指标体系;财务分析报告的编写要求等。

财务报告分析制度草案经财务部门负责人、总会计师或分管会计工作的负责人、企业负责人检查、修改、审批之后,可进行试行,发现问题及时总结上报。

财务部门根据试行情况进行修正,确定最终的财务报告分析制度文稿,并经财务部门负责人、总会计师或分管会计工作的负责人、企业负责人进行最终的审批。

(二)编写财务分析报告

编写时要明确分析的目的,运用正确的财务分析方法,并能充分、灵活地运用各项资料。分析内容包括:一是企业的资产分布、负债水平和所有者权益结构,通过资产负债率、流动比率、资产周转率等指标分析企业的偿债能力和营运能力;分析企业净资产的增减变化,了解和掌握企业规模和净资产不断变化的过程。二是分析各项收入、费用的构成及其增减变动情况,通过净资产收益率、每股收益等指标,分析企业的盈利能力和发展能力,了解和掌握当期利润增减变化的原因和未来发展趋势。三是分析经营活动、投资活动、筹资活动现金流量的运转情况,重点关注现金流量能否保证生产经营过程的正常运行,防止现金短缺或闲置。

总会计师或分管会计工作的负责人应当在财务分析和利用工作中发挥主导作用,负责组织领导。财务部门负责人审核财务分析报告的准确性,判断是否需要对特殊事项进行补充说明,并对财务分析报告进行补充说明。对生产经营活动中的重要资料、重大事项以及与上年同期数据相比有较大差异的情况要作重点说明。

企业财务分析会议应吸收有关部门负责人参加,对各部门提出的意见,财务部门应充分沟通、分析,进而修改完善财务分析报告。

修订后的分析报告应及时报送企业负责人,企业负责人负责审批分析报告,并据此进行决策,对于存在的问题及时采取措施。

(三)整改落实

定期财务分析报告构成内部报告的组成部分,并充分利用信息技术和现有内部报告体系在各个层级上进行沟通。

根据分析报告的意见,明确各部门职责。责任部门按要求落实改正,财务部门负责监督、跟踪责任部门的落实情况,并及时向有关负责人反馈落实情况。

例题8-5 (判断题)企业编制财务报告,应当充分利用信息技术,提高工作效率和工作

质量,减少或避免编制差错和人为调整因素。

答案:对

解析:见《企业内部控制应用指引第 14 号——财务报告》第 12 条。

任务四 财务报告业务内部控制实例

一、公司名称

江西新晟启环保科技有限公司。

二、设计依据

设计依据有:《企业内部控制基本规范》《企业内部控制应用指引第 14 号——财务报告》《企业会计准则》和《总会计师条例》等。

三、财务报告内部控制的设计方案

设计财务报告内部控制是在评估财务报告风险的基础上,对财务报告内部控制进行设计的过程,是财务报告内部控制设计的关键环节,基本程序包括:设计关键控制点、设计控制目标、设计控制措施、设计控制证据、优化控制制度、绘制控制流程图和编制控制矩阵。

（一）设计关键控制点

企业在构建与实施财务报告内部控制过程中,要针对财务报告风险评估的结果,确定财务报告的一般控制点和关键控制点,并编制财务报告控制要点表。确定财务报告的一般控制点和关键控制点是件很困难的事情,要根据企业实际情况确定,也因人们的专业判断而有所不同。《企业内部控制应用指引第 14 号——财务报告》重点对财务报告的编制、财务报告的对外提供、财务报告的分析利用环节等进行了规范。

（二）设计控制目标

财务报告内部控制的目标就是要保证财务报告合法、安全、有效、可靠,从而有效控制财务报告中可能存在的各种风险。在实际工作中,应根据识别出的财务报告具体风险来设计控制目标,不能将其固定化、模式化。

（三）设计控制措施

企业在构建与实施财务报告内部控制的过程中,要强化对财务报告控制点,尤其是关键控制点的风险控制,并采取相应的控制措施。财务报告控制措施要与财务报告相融合,嵌入财务报告流程。按照企业内部控制应用指引的要求,企业应当严格执行会计法律法规和国家统一的会计准则,加强对财务报告编制、对外提供和分析利用全过程的管理,明确相关工作流程和要求,落实责任制,确保财务报告合法合规、真实完整和有效利用。总会计师或会计工作相关负责人组织和领导财务报告的编制、对外提供和分析利用等相关工作。企业负责人对财务报告的真实性和完整性负责。

（四）设计控制证据

为了财务报告制度的有效实施,需要制定必要的表单,作为财务报告制度的附件,为

财务报告过程留下控制证据。财务报告相关文件资料很多,包括会计政策、会计估计、会计凭证、会计账簿、财务分析报告和财务报告结果传递记录等。

(五)优化控制制度

企业需要建立一系列制度体系和机制保障,促使财务报告的作用得到有效发挥。财务报告内部控制制度不是新建的一套独立制度,而是嵌入内部控制思想的财务报告制度。财务报告控制制度内容到底有哪些,因企业的不同需要而不同。

(六)绘制控制流程图

财务报告控制流程图要根据财务报告流程、风险点、控制点及相关的控制措施,结合具体单位的实际情况来绘制。特别要强调的是,应把财务报告内部控制流程和财务报告流程整合在一起,并在图中标示风险点和控制点。

(七)编制控制矩阵

财务报告控制矩阵是对财务报告流程图中风险点、控制措施和控制证据等要素的详细说明与描述,是财务报告内部控制设计结果的集中体现,也是企业内部控制管理手册的重要组成部分。实际上是上述工作的综合汇总。

四、建立财务报告内部控制制度

财务报告内部控制设计的工作成果是形成《财务报告内部控制要点及关键控制表》《财务报告内部控制目标表》《财务报告内部控制措施表》《财务报告控制证据表》《财务报告制度完善建议表》《财务报告控制流程图》《财务报告控制矩阵》等。

强化练习

一、单项选择题

1. 应当在财务分析和利用工作中发挥主导作用的是( )。

　　A. 董事长　　　　　　C. 总会计师　　　　　　B. 总经理　　　　　　D. 财务主任

2. 企业编制财务报告,应当重点关注会计政策和( )。

　　A. 会计计量　　　　　C. 会计方法　　　　　　B. 会计准则　　　　　D. 会计估计

3. 企业应当重视财务报告分析工作,( )召开财务分析会议。

　　A. 非定期　　　　　　B. 年末　　　　　　　　C. 季末　　　　　　　D. 定期

4. 财务分析报告结果应当及时传递给( )。

　　A. 董事会　　　　　　　　　　　　　　B. 股东大会

　　C. 财务部门　　　　　　　　　　　　　D. 企业内部有关管理层

5. 中期财务报表是以中期为基础编制的财务报表,不包括( )。

　　A. 月度财务报表　　　　　　　　　　　B. 季度财务报表

　　C. 半年度财务报表　　　　　　　　　　D. 年度财务报表

6. 在企业财务报表附注中,首先需要披露的是( )。

　　A. 是否遵循了财务报表的编制基础和企业会计准则

　　B. 采用的会计政策和会计估计

　　C. 对财务报表重要项目作进一步披露

D. 未在会计报表中列示但十分有用的信息

7. 财务分析报告结果应当及时传递给(　　　)。

A. 董事会　　　　　　　　　　B. 股东大会

C. 财政部门　　　　　　　　　D. 企业内部有关管理层

二、多项选择题

1. 财务报告流程由(　　　　)组成。

A. 财务报告审计流程　　　　　B. 财务报告编制流程

C. 财务报告对外提供流程　　　D. 财务报告分析利用流程

2. 企业财务报表的组成部分,至少应包括(　　　　)。

A. 资产负债表

B. 利润表

C. 现金流量表

D. 所有者权益变动表(或股东权益变动表)

E. 会计报表附注

3. 财务报告的编制要求有(　　　　)。

A. 内容完整　　　　　　　　　B. 数字真实

C. 计算准确　　　　　　　　　D. 不得漏报

4. (　　　　)属于财务报告分析的内容。

A. 资产分布、负债水平和所有者权益结构

B. 各项收入、费用的构成及其增减变动情况

C. 分析现金流量的运转情况

D. 分析企业的盈利能力和发展能力

5. 企业在编制年度财务报告前,应当进行的主要工作有(　　　　)。

A. 必要的资产清查　　　　　　B. 减值测试

C. 债权债务核实　　　　　　　D. 内部控制有效性的测试

6. 关于资产负债表的编制要求,下列说法正确的有(　　　　)。

A. 企业选择各项资产的计价方法应前后一致,不得随意变更

B. 企业不得提前、推迟或不确认负债

C. 严禁虚增或虚减负债

D. 所有者权益由实收资本和资本公积构成

7. 由于委托关系中存在背逆矛盾,企业对外部提供的财务报告会出现的风险有(　　　　)。

A. 编制财务报告违反相关法规的,可能导致企业承担法律责任和声誉受损

B. 提供虚假财务报告,会误导财务报告使用者,造成决策失误

C. 提供虚假财务报告,可能干扰市场秩序

D. 不能有效利用财务报告,可能导致财务风险和经营风险

8. 表明存在财务报告内部控制缺陷的迹象有(　　　　)。

A. 注册会计师发现董事、监事和高级管理人员舞弊

B. 企业更正已经公布的财务报告

C. 财务报告存在重大错报,而在内部控制运行过程中未能发现该错误

D. 审计委员会和内部审计机构对内部控制的监督无效

三、判断题

1. 总会计师或分管会计工作的负责人负责组织领导财务报告的编制、对外提供和分析利用等相关工作,并对财务报告的真实性、完整性负责。 （　　）

2. 财务报告是指反映企业某一特定日期财务状况和某一会计期间经营成果、现金流量的文件。 （　　）

3. 企业编制财务报告,应当充分利用信息技术,提高工作效率和工作质量,减少或避免编制差错和人为调整因素。 （　　）

4. 企业集团可以不编制合并财务报表。 （　　）

5. 企业编制财务报告,应当重点关注会计政策和会计估计,对财务报告产生重大影响的交易和事项的处理应当按照规定的权限和程序进行审批。 （　　）

四、实训题

选择一家公司,根据内部控制的全面性、重要性、制衡性、适应性、成本效益原则,结合该公司经营环境、业务特点、管理要求等,为该公司设计财务报告内部控制优化方案。

🏠 素养园地

——— 坚守制度　树立风险防控意识 ———

制度是国家机关、社会团体、企事业单位依照法律、法令、政策而制定的具有法规性或指导性与约束力的规则,是保证国家各项政策的顺利执行和各项工作的正常开展的重要依据。

制度好可以使坏人无法任意横行,制度不好会使好人无法充分做好事,甚至会走向反面。制度是约束,制度也是对自由的守护。与制度相结合的自由才是唯一的自由,自由与制度是并存的。

如前述案例,万福生科之所以会财务舞弊,究其原因,主要受两个方面因素影响:一是内因,如果万福生科实际控制人龚有福为首的管理层自身能存敬畏心,知法守法,遵守职业道德,就不会犯罪。二是制度,如果万福生科有完善的内部控制制度并能够有效执行,有制度约束力和管控力,就不会出现财务造假和信息披露违规等。内控建设需要领导带领全员树立风险防控意识,通过全过程、全员性、全业务的内部控制建设,实现让"好的制度让坏人变好,好的制度不让坏人作恶"。

附　录　企业内部控制基本规范

第一章　总　则

第一条　为了加强和规范企业内部控制,提高企业经营管理水平和风险防范能力,促进企业可持续发展,维护社会主义市场经济秩序和社会公众利益,根据《中华人民共和国公司法》、《中华人民共和国证券法》、《中华人民共和国会计法》和其他有关法律法规,制定本规范。

第二条　本规范适用于中华人民共和国境内设立的大中型企业。

小企业和其他单位可以参照本规范建立与实施内部控制。

大中型企业和小企业的划分标准根据国家有关规定执行。

第三条　本规范所称内部控制,是由企业董事会、监事会、经理层和全体员工实施的、旨在实现控制目标的过程。

内部控制的目标是合理保证企业经营管理合法合规、资产安全、财务报告及相关信息真实完整,提高经营效率和效果,促进企业实现发展战略。

第四条　企业建立与实施内部控制,应当遵循下列原则:

(一)全面性原则。内部控制应当贯穿决策、执行和监督全过程,覆盖企业及其所属单位的各种业务和事项。

(二)重要性原则。内部控制应当在全面控制的基础上,关注重要业务事项和高风险领域。

(三)制衡性原则。内部控制应当在治理结构、机构设置及权责分配、业务流程等方面形成相互制约、相互监督,同时兼顾运营效率。

(四)适应性原则。内部控制应当与企业经营规模、业务范围、竞争状况和风险水平等相适应,并随着情况的变化及时加以调整。

(五)成本效益原则。内部控制应当权衡实施成本与预期效益,以适当的成本实现有效控制。

第五条　企业建立与实施有效的内部控制,应当包括下列要素:

(一)内部环境。内部环境是企业实施内部控制的基础,一般包括治理结构、机构设置及权责分配、内部审计、人力资源政策、企业文化等。

（二）风险评估。风险评估是企业及时识别、系统分析经营活动中与实现内部控制目标相关的风险，合理确定风险应对策略。

（三）控制活动。控制活动是企业根据风险评估结果，采用相应的控制措施，将风险控制在可承受度之内。

（四）信息与沟通。信息与沟通是企业及时、准确地收集、传递与内部控制相关的信息，确保信息在企业内部、企业与外部之间进行有效沟通。

（五）内部监督。内部监督是企业对内部控制建立与实施情况进行监督检查，评价内部控制的有效性，发现内部控制缺陷，应当及时加以改进。

第六条 企业应当根据有关法律法规、本规范及其配套办法，制定本企业的内部控制制度并组织实施。

第七条 企业应当运用信息技术加强内部控制，建立与经营管理相适应的信息系统，促进内部控制流程与信息系统的有机结合，实现对业务和事项的自动控制，减少或消除人为操纵因素。

第八条 企业应当建立内部控制实施的激励约束机制，将各责任单位和全体员工实施内部控制的情况纳入绩效考评体系，促进内部控制的有效实施。

第九条 国务院有关部门可以根据法律法规、本规范及其配套办法，明确贯彻实施本规范的具体要求，对企业建立与实施内部控制的情况进行监督检查。

第十条 接受企业委托从事内部控制审计的会计师事务所，应当根据本规范及其配套办法和相关执业准则，对企业内部控制的有效性进行审计，出具审计报告。会计师事务所及其签字的从业人员应当对发表的内部控制审计意见负责。

为企业内部控制提供咨询的会计师事务所，不得同时为同一企业提供内部控制审计服务。

第二章　内部环境

第十一条 企业应当根据国家有关法律法规和企业章程，建立规范的公司治理结构和议事规则，明确决策、执行、监督等方面的职责权限，形成科学有效的职责分工和制衡机制。

股东（大）会享有法律法规和企业章程规定的合法权利，依法行使企业经营方针、筹资、投资、利润分配等重大事项的表决权。

董事会对股东（大）会负责，依法行使企业的经营决策权。

监事会对股东（大）会负责，监督企业董事、经理和其他高级管理人员依法履行职责。

经理层负责组织实施股东（大）会、董事会决议事项，主持企业的生产经营管理工作。

第十二条 董事会负责内部控制的建立健全和有效实施。监事会对董事会建立与实施内部控制进行监督。经理层负责组织领导企业内部控制的日常运行。

企业应当成立专门机构或者指定适当的机构具体负责组织协调内部控制的建立实施及日常工作。

第十三条 企业应当在董事会下设立审计委员会。审计委员会负责审查企业内部控制，监督内部控制的有效实施和内部控制自我评价情况，协调内部控制审计及其他相关事宜等。

审计委员会负责人应当具备相应的独立性、良好的职业操守和专业胜任能力。

第十四条 企业应当结合业务特点和内部控制要求设置内部机构,明确职责权限,将权利与责任落实到各责任单位。

企业应当通过编制内部管理手册,使全体员工掌握内部机构设置、岗位职责、业务流程等情况,明确权责分配,正确行使职权。

第十五条 企业应当加强内部审计工作,保证内部审计机构设置、人员配备和工作的独立性。内部审计机构应当结合内部审计监督,对内部控制的有效性进行监督检查。

内部审计机构对监督检查中发现的内部控制缺陷,应当按照企业内部审计工作程序进行报告;对监督检查中发现的内部控制重大缺陷,有权直接向董事会及其审计委员会、监事会报告。

第十六条 企业应当制定和实施有利于企业可持续发展的人力资源政策。人力资源政策应当包括下列内容:

(一)员工的聘用、培训、辞退与辞职。

(二)员工的薪酬、考核、晋升与奖惩。

(三)关键岗位员工的强制休假制度和定期岗位轮换制度。

(四)掌握国家秘密或重要商业秘密的员工离岗的限制性规定。

(五)有关人力资源管理的其他政策。

第十七条 企业应当将职业道德修养和专业胜任能力作为选拔和聘用员工的重要标准,切实加强员工培训和继续教育,不断提升员工素质。

第十八条 企业应当加强文化建设,培育积极向上的价值观和社会责任感,倡导诚实守信、爱岗敬业、开拓创新和团队协作精神,树立现代管理理念,强化风险意识。

董事、监事、经理及其他高级管理人员应当在企业文化建设中发挥主导作用。

企业员工应当遵守员工行为守则,认真履行岗位职责。

第十九条 企业应当加强法制教育,增强董事、监事、经理及其他高级管理人员和员工的法制观念,严格依法决策、依法办事、依法监督,建立健全法律顾问制度和重大法律纠纷案件备案制度。

第三章　风险评估

第二十条 企业应当根据设定的控制目标,全面系统持续地收集相关信息,结合实际情况,及时进行风险评估。

第二十一条 企业开展风险评估,应当准确识别与实现控制目标相关的内部风险和外部风险,确定相应的风险承受度。

风险承受度是企业能够承担的风险限度,包括整体风险承受能力和业务层面的可接受风险水平。

第二十二条 企业识别内部风险,应当关注下列因素:

(一)董事、监事、经理及其他高级管理人员的职业操守、员工专业胜任能力等人力资源因素。

(二)组织机构、经营方式、资产管理、业务流程等管理因素。

（三）研究开发、技术投入、信息技术运用等自主创新因素。

（四）财务状况、经营成果、现金流量等财务因素。

（五）营运安全、员工健康、环境保护等安全环保因素。

（六）其他有关内部风险因素。

第二十三条 企业识别外部风险,应当关注下列因素：

（一）经济形势、产业政策、融资环境、市场竞争、资源供给等经济因素。

（二）法律法规、监管要求等法律因素。

（三）安全稳定、文化传统、社会信用、教育水平、消费者行为等社会因素。

（四）技术进步、工艺改进等科学技术因素。

（五）自然灾害、环境状况等自然环境因素。

（六）其他有关外部风险因素。

第二十四条 企业应当采用定性与定量相结合的方法,按照风险发生的可能性及其影响程度等,对识别的风险进行分析和排序,确定关注重点和优先控制的风险。

企业进行风险分析,应当充分吸收专业人员,组成风险分析团队,按照严格规范的程序开展工作,确保风险分析结果的准确性。

第二十五条 企业应当根据风险分析的结果,结合风险承受度,权衡风险与收益,确定风险应对策略。

企业应当合理分析、准确掌握董事、经理及其他高级管理人员、关键岗位员工的风险偏好,采取适当的控制措施,避免因个人风险偏好给企业经营带来重大损失。

第二十六条 企业应当综合运用风险规避、风险降低、风险分担和风险承受等风险应对策略,实现对风险的有效控制。

风险规避是企业对超出风险承受度的风险,通过放弃或者停止与该风险相关的业务活动以避免和减轻损失的策略。

风险降低是企业在权衡成本效益之后,准备采取适当的控制措施降低风险或者减轻损失,将风险控制在风险承受度之内的策略。

风险分担是企业准备借助他人力量,采取业务分包、购买保险等方式和适当的控制措施,将风险控制在风险承受度之内的策略。

风险承受是企业对风险承受度之内的风险,在权衡成本效益之后,不准备采取控制措施降低风险或者减轻损失的策略。

第二十七条 企业应当结合不同发展阶段和业务拓展情况,持续收集与风险变化相关的信息,进行风险识别和风险分析,及时调整风险应对策略。

第四章 控制活动

第二十八条 企业应当结合风险评估结果,通过手工控制与自动控制、预防性控制与发现性控制相结合的方法,运用相应的控制措施,将风险控制在可承受度之内。

控制措施一般包括：不相容职务分离控制、授权审批控制、会计系统控制、财产保护控制、预算控制、运营分析控制和绩效考评控制等。

第二十九条 不相容职务分离控制要求企业全面系统地分析、梳理业务流程中所涉及的不相容职务,实施相应的分离措施,形成各司其职、各负其责、相互制约的工作机制。

第三十条　授权审批控制要求企业根据常规授权和特别授权的规定,明确各岗位办理业务和事项的权限范围、审批程序和相应责任。

企业应当编制常规授权的权限指引,规范特别授权的范围、权限、程序和责任,严格控制特别授权。常规授权是指企业在日常经营管理活动中按照既定的职责和程序进行的授权。特别授权是指企业在特殊情况、特定条件下进行的授权。

企业各级管理人员应当在授权范围内行使职权和承担责任。

企业对于重大的业务和事项,应当实行集体决策审批或者联签制度,任何个人不得单独进行决策或者擅自改变集体决策。

第三十一条　会计系统控制要求企业严格执行国家统一的会计准则制度,加强会计基础工作,明确会计凭证、会计账簿和财务会计报告的处理程序,保证会计资料真实完整。

企业应当依法设置会计机构,配备会计从业人员。从事会计工作的人员,必须取得会计从业资格证书。会计机构负责人应当具备会计师以上专业技术职务资格。

大中型企业应当设置总会计师。设置总会计师的企业,不得设置与其职权重叠的副职。

第三十二条　财产保护控制要求企业建立财产日常管理制度和定期清查制度,采取财产记录、实物保管、定期盘点、账实核对等措施,确保财产安全。

企业应当严格限制未经授权的人员接触和处置财产。

第三十三条　预算控制要求企业实施全面预算管理制度,明确各责任单位在预算管理中的职责权限,规范预算的编制、审定、下达和执行程序,强化预算约束。

第三十四条　运营分析控制要求企业建立运营情况分析制度,经理层应当综合运用生产、购销、投资、筹资、财务等方面的信息,通过因素分析、对比分析、趋势分析等方法,定期开展运营情况分析,发现存在的问题,及时查明原因并加以改进。

第三十五条　绩效考评控制要求企业建立和实施绩效考评制度,科学设置考核指标体系,对企业内部各责任单位和全体员工的业绩进行定期考核和客观评价,将考评结果作为确定员工薪酬以及职务晋升、评优、降级、调岗、辞退等的依据。

第三十六条　企业应当根据内部控制目标,结合风险应对策略,综合运用控制措施,对各种业务和事项实施有效控制。

第三十七条　企业应当建立重大风险预警机制和突发事件应急处理机制,明确风险预警标准,对可能发生的重大风险或突发事件,制定应急预案、明确责任人员、规范处置程序,确保突发事件得到及时妥善处理。

第五章　信息与沟通

第三十八条　企业应当建立信息与沟通制度,明确内部控制相关信息的收集、处理和传递程序,确保信息及时沟通,促进内部控制有效运行。

第三十九条　企业应当对收集的各种内部信息和外部信息进行合理筛选、核对、整合,提高信息的有用性。

企业可以通过财务会计资料、经营管理资料、调研报告、专项信息、内部刊物、办公网络等渠道,获取内部信息。

企业可以通过行业协会组织、社会中介机构、业务往来单位、市场调查、来信来访、网络媒体以及有关监管部门等渠道,获取外部信息。

第四十条 企业应当将内部控制相关信息在企业内部各管理级次、责任单位、业务环节之间,以及企业与外部投资者、债权人、客户、供应商、中介机构和监管部门等有关方面之间进行沟通和反馈。信息沟通过程中发现的问题,应当及时报告并加以解决。

重要信息应当及时传递给董事会、监事会和经理层。

第四十一条 企业应当利用信息技术促进信息的集成与共享,充分发挥信息技术在信息与沟通中的作用。

企业应当加强对信息系统开发与维护、访问与变更、数据输入与输出、文件储存与保管、网络安全等方面的控制,保证信息系统安全稳定运行。

第四十二条 企业应当建立反舞弊机制,坚持惩防并举、重在预防的原则,明确反舞弊工作的重点领域、关键环节和有关机构在反舞弊工作中的职责权限,规范舞弊案件的举报、调查、处理、报告和补救程序。

企业至少应当将下列情形作为反舞弊工作的重点:

(一)未经授权或者采取其他不法方式侵占、挪用企业资产,牟取不当利益。

(二)在财务会计报告和信息披露等方面存在的虚假记载、误导性陈述或者重大遗漏等。

(三)董事、监事、经理及其他高级管理人员滥用职权。

(四)相关机构或人员串通舞弊。

第四十三条 企业应当建立举报投诉制度和举报人保护制度,设置举报专线,明确举报投诉处理程序、办理时限和办结要求,确保举报、投诉成为企业有效掌握信息的重要途径。

第六章 内部监督

第四十四条 企业应当根据本规范及其配套办法,制定内部控制监督制度,明确内部审计机构(或经授权的其他监督机构)和其他内部机构在内部监督中的职责权限,规范内部监督的程序、方法和要求。

内部监督分为日常监督和专项监督。日常监督是指企业对建立与实施内部控制的情况进行常规、持续的监督检查;专项监督是指在企业发展战略、组织结构、经营活动、业务流程、关键岗位员工等发生较大调整或变化的情况下,对内部控制的某一或者某些方面进行有针对性的监督检查。

专项监督的范围和频率应当根据风险评估结果以及日常监督的有效性等予以确定。

第四十五条 企业应当制定内部控制缺陷认定标准,对监督过程中发现的内部控制缺陷,应当分析缺陷的性质和产生的原因,提出整改方案,采取适当的形式及时向董事会、监事会或者经理层报告。

内部控制缺陷包括设计缺陷和运行缺陷。企业应当跟踪内部控制缺陷整改情况,并就内部监督中发现的重大缺陷,追究相关责任单位或者责任人的责任。

第四十六条 企业应当结合内部监督情况,定期对内部控制的有效性进行自我评价,出具内部控制自我评价报告。

内部控制自我评价的方式、范围、程序和频率,由企业根据经营业务调整、经营环境变化、业务发展状况、实际风险水平等自行确定。

国家有关法律法规另有规定的,从其规定。

第四十七条 企业应当以书面或者其他适当的形式,妥善保存内部控制建立与实施过程中的相关记录或者资料,确保内部控制建立与实施过程的可验证性。

第七章 附 则

第四十八条 本规范由财政部会同国务院其他有关部门解释。

第四十九条 本规范的配套办法由财政部会同国务院其他有关部门另行制定。

第五十条 本规范自 2009 年 7 月 1 日起实施。

主要参考文献

［1］中华人民共和国财政部,等.企业内部控制基本规范,企业内部控制配套指引［M］.上海:立信会计出版社,2021.

［2］张远录.企业内部控制与制度设计［M］.3 版.北京:中国人民大学出版社,2021.

［3］池国华.内部控制习题与案例［M］.大连:东北财经大学出版社,2019.

［4］广东诚安信会计师事务所.企业内部控制常见审计问题及案例［M］.广州:广东经济出版社,2021.

［5］企业内部控制编审委员会.企业内部控制主要风险点、关键控制点与案例解析［M］.上海:立信会计出版社,2023.

［6］冯萌,宋志强.企业内部控制从懂到用［M］.北京:机械工业出版社,2021.

［7］蒙丽珍.内部控制与风险管理［M］.大连:东北财经大学出版社,2021.

［8］李万福.内部控制审计理论与实务［M］.北京:北京大学出版社,2021.

［9］洪宇.内部控制［M］.北京:中国财政经济出版社,2017.

［10］颜青,罗健,蒋淑玲.内部控制与风险管理［M］.2 版.北京:高等教育出版社,2023.

［11］杜方.企业内部控制实务［M］.北京:中国财政经济出版社,2023.

［12］张远录,张海梅.企业内部控制实务［M］.2 版.北京:高等教育出版社,2024.

感谢您使用本书。为方便教学，我社为教师提供资源下载、样书申请等服务，如贵校已选用本书，您只要关注微信公众号"高职财经教学研究"，或加入下列教师交流QQ群即可免费获得相关服务。

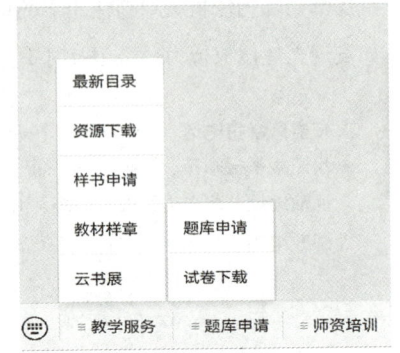

高职财经教学研究
高等教育出版社（上海）教材服务有限…
上海

高等教育出版社旗下产品，提供高职财经专业课程教学交流、配套数字资源及样书申请等服务。

资源下载：点击"**教学服务**"—"**资源下载**"，注册登录后可搜索相应的资源并下载。（建议用电脑浏览器操作）

样书申请：点击"**教学服务**"—"**样书申请**"，填写相关信息即可申请样书。

样章下载：点击"**教学服务**"—"**教材样章**"，即可下载在供教材的前言、目录和样章。

题库申请：点击"**题库申请**"，填写相关信息即可申请题库或下载试卷。

师资培训：点击"**师资培训**"，获取最新会议信息、直播回放和往期师资培训视频。

◎ 联系方式

会计QQ3群：473802328　　　会计QQ2群：370279388　　　会计QQ1群：554729666
会计QQ4群：291244392

（以上4个会计Q群，加入任何一个即可获取教学服务，请勿重复加入）

联系电话：(021)56961310　　　电子邮箱：3076198581@qq.com

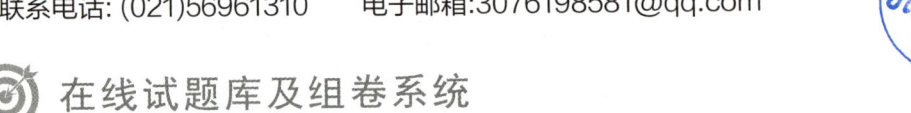

◎ 在线试题库及组卷系统

我们研发有十余门课程试题库："基础会计""财务会计""成本计算与管理""财务管理""管理会计""税务会计""税法""税收筹划""审计基础与实务""财务报表分析""EXCEL在财务中的应用""大数据基础与实务""会计信息系统应用""政府会计""内部控制与风险管理"等，平均每个题库近3000题，知识点全覆盖，题型丰富，可自动组卷与批改。如贵校选用了高教社沪版相关课程教材，我们可免费提供给教师每个题库生成的各6套试卷及答案（Word格式难中易三档，索取方式见上述"题库申请"），教师也可与我们联系咨询更多试题库详情。